未来领袖摇篮
系列丛书

**WEILAI
LINGXIUYAOLAN**

LUND
UNIVERSITY

卢宏学 | 编著

隆德大学
民主与批判

LUND UNIVERSITY
Democracy And Criticism

中国出版集团
现代出版社

图书在版编目(CIP)数据

民主与批判：隆德大学 / 卢宏学编著. —北京：现代出版社，2013.2
（2021.8重印）
（未来领袖摇篮）
ISBN 978-7-5143-1385-7

Ⅰ.①民… Ⅱ.①卢… Ⅲ.①隆德大学—青年读物②隆德
大学—少年读物 Ⅳ.①G649.532.8-49

中国版本图书馆CIP数据核字(2013)第026830号

编　　著　卢宏学
责任编辑　刘　刚
出版发行　现代出版社
通讯地址　北京市安定门外安华里504号
邮政编码　100011
电　　话　010-64267325 64245264（传真）
网　　址　www.xdcbs.com
电子邮箱　xiandai@cnpitc.com.cn
印　　刷　北京兴星伟业印刷有限公司
开　　本　700mm × 1000mm 1/16
印　　张　12
版　　次　2013年2月第1版　2021年8月第3次印刷
书　　号　ISBN 978-7-5143-1385-7
定　　价　32.00元

前 言
QIAN　　YAN

　　如今已步入不惑之年,记忆中的一些事情好多都已如烟消云散,不过有一个问题始终萦绕心头,我高中毕业的时候,家里的生活非常艰难,父母为什么还让我读完大学呢? 这个问题困扰我已经20年了。终于有一天,我明白了,父母想让我换一种生活方式;他们不希望我沿着他们的生活轨迹前行!

　　古人说:"行万里路,读万卷书。"这句话实在深刻! 对现代人而言,行万里路易,读万卷书难。科技的车轮正以惊人的速度滚滚向前,终日在电脑和千奇百怪的机器前忙碌的现代人,用电线、光缆、轨道和航线把地球变成一个村落,点击鼠标,我们可以在世界的任何一个角落把自己随意粘贴。好多人已经认为读书没什么用! 读书是在浪费生命。于是,面对现代文明,缺少了读大学修炼的底蕴。我们频繁遭遇对面相逢不相识的尴尬,不断地积聚那些源自心底的陌生。为此,我们渴望一种深层的理解,渴望一种心灵的历练,以让脚步和心灵能够行得更远。

　　大学有着上千年文化的厚厚沉积,大学有着上千年文明的跌宕起伏,大学有着上千年社会的沧桑巨变,这足以让你惊叹,让你震撼。大学给你的感觉是那样空灵,那样清新,那样恬静。追昔抚今,历史的长廊仿佛就在眼前。生命却耐不住"逝者如斯夫"的侵蚀,大学生活也是必需的人生

经历。大学的魅力,与其耳闻,不如亲见。大学生活可以弥补我们时间的缺失,增值属于我们的光阴;大学可以把智慧集腋成裘,让我们的生命成就高品质的价值。

在任何一个团体中,总有某一个人充当着核心的角色,他的言行能够被团体认可,并指引着团体的某一些决策和行动。我们可以把这种人所具备的人格魅力称为"领袖气质"。环境是一种氛围,一种智慧,一种"隐性课程"。我国古代有"孟母三迁"的故事,说明环境对人才成长的重要性。

在良好的教育环境中,人才更能轻松愉快、自由主动地去发现、思考和探索,从中获得知识经验,在情感、信念、意志、行为和价值观等方面得到潜移默化的熏陶;成长环境有助于显示今天的行动与明天的结果之间存在的永久联系。在这里,曾经出现过无数的政治、经济、军事、文化等各个行业的领军人物。他们用行动证明:最具实力、特点的学府,才能真正缔造别具一格的人才。

本丛书选了最具代表性的世界名校20所。通过对这些名校的概况、教学特点、培养的名人等的介绍,意在深度挖掘人才成功之路上不为人知的细节,同时剖析名校培养人才的根本原因所在,是一部您一定要读的人生枕边书。

尽管我们付出了诸多辛苦,然而由于时间紧迫和能力所限,书稿错讹之处在所难免。敬请各方面的专家学者和广大读者批评指正。我们不胜感激!

编 者

2012年11月

目 录

开 篇 大学是未来领袖的摇篮

大学,是社会的良心,是天才的渊薮,是文化与思想的栖息地,也是每一个青少年成为未来领袖的摇篮。每所大学都有独特的文化和性格。一所大学能反映一个城市甚至一个国家的精神气质。大学是今天与未来的桥梁,认识一所大学,可以树立一个梦想;树立一个梦想,可以创造一个人生。

第一章 认识隆德大学

隆德的学术传统可以追溯到中世纪。由于隆德当时是斯堪的纳维亚大主教的所在地,因此成了中世纪斯堪的纳维亚的思想中心。发展到今天,隆德大学无论在瑞典国内还是在国际上都处于领先地位。

第二章　北欧最大的高等学院

> 　　瑞典隆德大学是一所现代化、国际化,具有高度活力和历史悠久的大学,是世界百强大学之一。建于1666年。有7个学院以及各研究中心和专业学术机构,它是北欧最大的高等教育和科研机构,被誉为瑞典的"科学首都"。

第三章　民主与批判

> 　　隆德大学在许多方面具有特色,如民主的视点,批判的思维,对全球环境的关注,以及对种族多样性和社会多样性的关注等等。另外,改革思想与人文主义关照相结合以及幽默感也是隆德大学特有的价值观。

第四章　瑞典隆德大学高等教育

　　隆德大学发展到今天,已成为一个高等教育与科学研究的现代中心。目前,隆德大学无论在瑞典国内还是在国际上都处于领先地位。

开　篇　大学是未来领袖的摇篮

　　大学，是社会的良心，是天才的渊薮，是文化与思想的栖息地，也是每一个青少年成为未来领袖的摇篮。每所大学都有独特的文化和性格。一所大学能反映一个城市甚至一个国家的精神气质。大学是今天与未来的桥梁，认识一所大学，可以树立一个梦想；树立一个梦想，可以创造一个人生。

领袖是怎样炼成的

人生像一截木头，或者选择熊熊燃烧，或者选择慢慢腐朽。

做一个出类拔萃的领袖

要想真正成为一名出类拔萃的领袖，必须在工作、生活各个方面具备过硬的素质。从某种意义上说，领袖必须成为人民的理想楷模。这不仅是指通常所理解的"德"，而且也是指同样重要的"智"。一个真正的领袖必须拥有远大的抱负，拥有异于常人的智慧，超常的适应能力，服务大众的态度和引导舆论的能力。

一个好领袖必是一个好的聆听者，并掌握与人沟通、表情达意的技巧。他充满自信，具有很强的分析能力，亦必毅力过人，并能不断自省以求进。英国首相温斯顿·丘吉尔说过："成功不是终点，失败也并非末日。最重要的是具备勇气，一直前行。"当一个人为实现梦想苦苦追寻的时候，需要这样一种意志和品格。

坚持，是一种信念。无论在国内，还是在国外，要获得最美丽的人生，

要实现自己最大的价值,要能够对社会、对他人有所回报,就要坚持自己的目标和梦想。

坚持,是一种过程。这个世界上,天上掉馅饼的事儿几乎为零,或者没有什么事情是一蹴而就的。在梦想实现之前,需要耐得住寂寞、孤独和暂时的不成功。

坚持,是一种生活方式。学习也好,工作也好,生活也好,都需要用一种坚持的态度去完成。这种生活方式可以磨练自己的意志力。坚持住人生信念,没有什么困难是不可以克服的。

做富有文化底蕴的智者

一个优秀的领袖必然有着深厚的文化底蕴,其实也就是文气。文气是指一个人的内在文化底蕴、外在儒雅气质、文化修养、精神境界的自然显露。大学是保存知识、传播知识、创造知识的殿堂,是培养人才的摇篮,是先进文化的策源地和辐射源。大学领导者作为知识分子的领袖、楷模和标尺,如果自身没有知识、没有文化、没有学问,即没有所谓的"文气",就不会得到师生的尊重、敬仰和爱戴,就很难引领大学的发展。

修炼文气,须多读书,成为大学者。"腹有诗书气自华"。要养成儒雅的文气,就必须博学多识,不仅学习教育学、心理学、管理学、领导学、经济学等知识,还要多读经典古文、传统诗词、名家名篇,广泛涉猎经济、政治、文化、社会等各方面,学贯中西、通晓古今,努力成为著名学者。纵观做出卓著成绩的校长,他们都是某个学科领域的专家,同时也对人文社会科学知识有深厚的积淀。如北京大学原校长蔡元培是哲学家、美学家,还通晓教育学、心理学、生理学,堪称大学问家。

修炼文气,须多思考,成为思想家。文气的养成是为了提高个人素养,促进工作实践,而思考是学习与行动的桥梁,"学而不思则罔"。思考形成思维,思维产生观念,观念形成思想,思想决定行动。因此,大学领导者必须学会思考,并多思考。要明了大学的性质,知晓大学的历史,把握大学面对的环境和拥有的资源,把文气的养成与改造思想结合起来,与指导实践结合起来,与解决实际问题结合起来。历史证明,成功的大学领导者,一般都是深邃的思考者。譬如,哈佛大学校长博克曾著《超越象牙塔》,指出现代大学不能回避为社会的进步和国家的利益服务;芝加哥大学校长赫钦斯曾著书《高深学问》,反对功利主义,倡导博雅教育;耶鲁大学校长吉亚麦提曾著《大学和公众利益》,探讨大学的性质和在社会中的作用;加州大学校长克尔曾著《大学的功用》,提出了巨型大学的概念。由于他们对大学有深入的思考,不随波逐流,从而把大学办出了特色,推上了新台阶。

修炼文气,须多谋划,成为谋略家。大学领导者是学校的规划设计者,历史上有卓越成就的大学领导者都是优秀的谋略大师。卡迪夫大学前任校长史密斯爵士曾说过,作为领导者,他必须将四分之三的时间花在思考学校方向和战略上,他认为,"校长就是要将自己的办学战略和价值理念传播出去,让学校所有员工接受,然后选择合适的人去实现这些策略。"中国的大学校长都曾经或正在谋划制定"大学发展战略规划、大学学科和师资队伍建设规划、大学校园发展规划",引领大学的发展和振兴。事实证明,大学领导者只有经常围绕"建设一个什么样的大学,怎样建设这样的大学"的问题潜心思考,精心谋划,才能认准大学发展的根本方向,不至于随着各种思潮的冲击而左右摇摆。

> **【领袖语录】**
>
> 所谓年轻的心,就是总有一扇门敞开着,等待未来闯进。

浩然正气的力量

一个优秀的领袖还必须有正气。孟子曰:"吾善养吾浩然之气。"文天祥说:"天地有正气,杂然赋流形。下则为河岳,上则为日星。于人曰浩然,沛乎塞苍冥。"对大学领导者来说,正气就是不媚俗,能引领社会发展潮流。

修炼正气,须不媚俗。大学既要防止"滞后于社会"的弊端,但又不简单地"迎合时尚"。这就要求大学领导者的办学理念和行为方式必须因时而变,成为"对现在和未来都会产生影响的一种力量"。但这种适度而明智的变化不是无原则、无限度的,必须是"根据需求、事实和理想所做的变化"。罗伯特·M·赫钦斯在《学习社会》一书中直言不讳地追问:"大学究竟是为社会服务还是批评社会?是依附于社会还是独立于社会?是一面镜子还是一座灯塔?是迎合眼前的实际需要,还是传播及光大高深文化?"这些都需要我们深思。

有几个充分表明大学校长不媚俗的例子:1986 年哈佛大学校庆,当时的美国总统里根希望获得哈佛大学名誉博士的称号, 但哈佛大学校长德雷克·博克予以拒绝:"里根可以成为美国总统,但他难以获得哈佛的博士学位,因为这是学术称号。"人们称之为"两个 President 之争"。基辛格从国务卿岗位上卸任并退出政坛后,很想回到哈佛大学工作,但被哈佛大学校长婉言谢绝:"基辛格是个学识渊博的人。如果论私交,我和他的关系也不坏。但我要的是教授,不是不上课的大人物。"1957 年北大校长马寅初在最高国务会议上提出他的"新人口论",受到当时权威的批判,但他说:"我决不向专以力压服,不以理说服的那种批判者们投降。"尽管他被迫辞去北京大学校长职务,全国人大常委之职也被罢免,公众的心中却并未消失,马老正直的身影和铿锵之声;历史证明,马寅初不媚俗,不迷信权威,他掌握了真理。

修炼正气,须能引领。大学不应脱离社会、孤芳自赏,而应当"与社会保持接触",并"以自己的实力和声望"对科学和重大而紧迫的社会问题、社会现象进行研究,从而对社会可能采取的行动与对策产生影响。赫钦斯说:"大学是一个瞭望塔。"在改革社会中应发挥积极的作用,成为承担公共服务的必不可少的工具, 应不惜一切代价加强各种创造性的活动,引领社会前进。普林斯顿大学原校长弗莱克斯纳认为:大学必须经常给予学生一些东西,这些东西并不是社会所想要的(want),而是社会所需要的(needs)。不管社会如何变化,在任何情况下,大学都有对于知识和思想保存的责任，能不断引领社会发展，而不是一味地适应社会。因此，大学领导者应有能力通过引领大学发展来引领社会发展。

底气是做人之本

一个优秀的领袖还必须有底气。底气是做人之根本、根基、根源。底气足，才有真本钱，才有发言权，才有凝聚力和号召力。底气的表现形式就是说话的分量、

【领袖语录】
　不要把知识与智慧混淆，知识告诉你怎样生存，智慧告诉你如何生活。

人格的魅力、个人的影响力，就是群众的归属感、信任感和敬仰感。作为大学领导者，必须要有充足的底气。有了充足的底气，才能确立威信，促进事业的兴旺发达，实现大学的价值。充足的底气需要磨练和积累，需要全身心地培育和修炼。

修炼底气，须立大志。底气源于理想和信念。理想和信念是大学领导者的基本内在修养。大学最根本的社会功能就是储存、创造和传递人类文明。大学要创造新的人类文明就要为了真理而追求真理。追求真理本身就是目的，因此，它天然地反对功利主义。大学还要负载价值，守望社会精神文明，给人类以极大关怀。因此大学领导者要树立追求真理、献身真理的大志向。要坚信我们所从事的事业是正义的事业，是伟大的事业，责任崇高而神圣，任务光荣而艰巨。

修炼底气，须善实践。能力是底气的表现。大学领导者在专业上要做专家，管理上要做行家，必须勤于实践善于实践。以华中科技大学历任领导者为例，他们都是善于实践的典范。朱九思提出"敢于竞争，善于转化"，"科研要走在教学的前面"，大力加强科学研究；杨叔子坚持"高筑墙，广积人"，大力加强师资队伍建设；周济实践"以服务求支持，以贡献求发展"，大力发展社会服务等。正是历届领导者励精图治，实践创新，硬是把一所名不见经传的大学建设成了一所国内外知名的大学。由此可见，大学领导者应该是实践者。他不一定是管理学科的专家，但深谙教育管理之道，善于行政管理，精于用人之道，具有解决和处理各类大学矛盾的能力。

他不一定是专门的政治家,但能够把握大学正确的发展方向,提出适合大学长远发展的办学思想与理念,用先进的办学指导思想推进大学的建设、改革与发展。

修炼底气,须敢成功。成功的大学,领导者会更有底气,有底气的领导者会把大学引向更加成功的境地。正是由于哈佛校长艾略特、劳威尔、柯南特、博克等人成功地将哈佛引向了成功,才使哈佛大学更有了底气;也正是哈佛大学的不断成功,才使哈佛大学的校长更有底气,从而进一步引领大学从胜利走向新的胜利。

大气是一种智慧

一个优秀的领袖还必须有大气。大气,就是大气度、大胸怀、大气魄,大爱心。大学应该有大气。江泽民同志在北大百年校庆时讲:"大学,应该是培养和造就高素质的创造性人才的摇篮,应该是认识未知世界、探求客观真理、为人类解决面临的重大课题提供科学依据的前沿,应该是知识创新、推动科学技术成果向现实生产力转化的重要力量,应该是民族优秀文化与世界先进文明成果交流借鉴的桥梁。"完成这一使命,"大学的党委书记和校长,应该成为社会主义政治家、教育家。"因此,大学领导者应该有大气。

修炼大气,须有大视野。大学之大,根本取决于它的两大直接产品:学术和学生,以及铸成这两大产品的模具:学者、学长和学风。因此大学之大,乃在于学术之大、学生之大、学者之大、学长之大、学风之大。大学领导者要有宽广的视野、开放的精神,兼容并蓄,善于从复杂的现象中看到事物运动的基本态势,抓住基本规律,从眼前的利害中超越出来,突破经验的束缚,对社会需求进行全局的、客观的把握,穿透眼前,看到长远。大学发展的历程证明,大学领导者的视野往往决定大学的发展。纽曼的传统大学观把大学看作是"一个居住僧侣的村庄",弗莱克斯纳的现代大学观把大学看作是一个城镇,而克拉克·克尔的多元化巨型大学观则把大学看作是"一座充满无穷变化的城市"。可见领导者的视野决定大学的视野。哈佛大学校长萨默斯以国际视野改革大学教育，强调哈佛新课程改革要给本科生更多的到国外学习的机会。

修炼大气，须有大胸怀。"一个人胸怀有多大，才能做多大的事业。"大学具有天然的包容性：首先是学科包容。大学包容了传统基础学科，还包容了跨学科、边缘学科和应用学科，甚至为那些已经乏人问津的学科以及尚未获得广泛承认的学科与知识领域留有一席之地。其次是学者包容。大学包容各种各样的学者和学生，甚至为个别行为、个性和思想方法奇特的学者创造宽松环境，使他们按自己的习惯从事活动。再次是学术包容，即包容学术上的各种不同见解。因此，大学领导者在办学理念上，要有开放意识和世界眼光，以昂扬的气势迎接各种挑战，以仁厚的情感容纳学生，以宽容的精神对待学术，以谦虚的心灵接纳新知识；要在选用人才上，有"海纳百川"的大气，以开放的胸怀招揽人才，以宽广的眼光选用人才；在具体工作上，要有团结友爱的胸怀、互以对方为重的风格，要搞五湖四海，不搞小圈子，做到坦坦荡荡、光明磊落，容人、容事、容言。如果说大楼、大师是大学的硬件，大气则是软件，软件与硬件同样重

> **【领袖语录】**
> 气不和时少说话，有言必失；心不顺时莫做事，做事必败。

要。在一定意义上，甚至可以说软件比硬件更重要。1953年出生的安德鲁·怀尔斯，10岁时对世界难题费马大定理着了迷，于是立志搞数学。他32岁成了普林斯顿大学教授后好像突然消失了，学术会议不参加了，论文也没有，有人说他江郎才尽了，有人说应该解聘他，但普林斯顿大学校长不为所动，仍然聘他为教授，表现出了大学的大爱，终于在9年后的1994年，安德鲁·怀尔斯破解了费尔马大定理，轰动世界，也使普林斯顿大学声名远扬。

修炼大气，须有大手笔。有了大手笔，才会有大发展。大手笔，要有大气魄，要有超越、怀疑、批判精神。要超越各种形式的禁锢和守旧观念，挑战各种历史理论和权威，深刻批判与反思，进行前提性追问、主体创造与建构。正是因为洪堡的大手笔才使柏林大学得以振兴，成为研究型大学的

楷模，从而使大学具有科学研究的职能；正是范海斯的大手笔，提出"威斯康星州的边界就是威斯康星大学的边界"，才使美国大学得以崛起，从而使社会服务成为大学的第三大职能；也正是蔡元培的大手笔改造旧北京大学，才使北京大学焕发出新的青春活力，成为真正意义上的现代大学。大学领导者要有大手笔，就要敢于有所为，有所不为，有所舍弃，敢于砍掉不适合自己学校发展的东西；有所为，有所先为，有所后为，敢于在自己的位置上创新、创造不可替代的业绩。

锐利的士气

　　一个优秀的领袖还必须有锐气。《淮南子·时则训》所说的"锐而不挫"，彰显的是不畏困难和挫折的精锐士气。锐气就是要有一股子劲，始终保持一种向上的进取姿态，保持高昂的工作热情和工作韧劲。锐气就是在成绩面前不忘乎所以，在困难面前不灰心丧气，不断适应新形势，研究新情况，解决新问题，做到"苟日新，又日新，日日新"。有锐气，才能有所作为，有所建树。

　　修炼锐气，须讲批判。大学是知识传递与生产的场所，是新思想的重要发源地。不论是知识的传递与生产，还是真理的探求，都应该建立在大学批判责任基础之上。德国社会学家海因兹·迪特里奇尖锐地指出："今天的大学是一些被阉割了的机构，大学教育脱离大多数人的生活现实，研究质量低下，教育道德沦丧。"作为大学领导者要弘扬大学的批判责任，鼓励和支持大学继续扮演那种绝对真理、社会公正和道德良心守护神的角色。

　　修炼锐气，须讲创新。加拿大阿尔伯塔大学校长罗德里克·德·弗雷泽认为，大学领导者的主要职责有三项：第一，吸引最好的学生到学校读书；第二，吸引最好的教职员工到学校工作；第三，为教职工、学生提供足够的资源，营造积极的氛围，使师生能够有效地学习、创造性地开展学术与科研工作,保证他们发挥最大潜力。大学要做好这些工作,没有具备创新意识和创新能力的领导者是不行的。创新是大学保持生命力的关键所在。历史证明,不满足于现状,勇于改革和创新是优秀大学领导者共同的特征之一。哈佛大学原校长劳威尔说在他任校长的24年里,有四大创新:一是设立主攻课和基础课制度,二是设立住宿学院制度,三是设立导师制度,四是设立荣誉学位制度。这些都为哈佛大学的进一步发展奠定了基础。

修炼锐气,须养个性。牛津大学原校长纽曼是一个有个性的校长。他认为:大学是传播普遍性知识的场所。知识本身即目的。教育是理智的训练。大学是为传授知识而设的,"如果大学是为了研究,我不知道大学为什么要那么多学生"。他的个性造就了牛津大学

【领袖语录】

　　没有人可以打倒你,打倒你的只有你自己。

的辉煌。柏林大学原校长洪堡认为,大学的基本组织原则就是两条:自由和宁静,教师和学生为科学而共处,自由地进行各种学术上的探讨。他的个性使柏林大学很快崛起。威斯康星大学原校长范海斯认为,大学的基本

任务是把学生培养成有知识、能工作的公民;进行科学研究,发展创造新文化、新知识;传播知识,把知识传授给广大民众,使他们能够运用知识解决经济、生产、生活、政治等方面的问题。这种理念引领大学走出了古典大学的围墙,使大学获得了新的生命。曾经被毛泽东评价为"学界泰斗,人世楷模"的蔡元培,不仅提出了"囊括大典、网罗众家,思想自由、兼容并包"的著名办学方针,铸就了"北大精神",更重要的是,他具有"外和内介、守正不阿,勇于任事、敢于负责,宽容大度、民主平等,严于律己、廉洁奉公"的个性,改造北大,铸就了北大的辉煌。

领袖素质　　远大的理想。纵观历史中的领袖都有远大的抱负,所谓吞吐天地之志。拥有这样的理想才能塑造其人格魅力。人们追随他,绝不仅仅因为他长得帅,而是因为他能带给人们希望,给人们一个远大而美好的憧憬。

大学在青少年成才中的作用

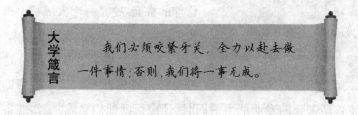

大学
箴言

我们必须咬紧牙关，全力以赴去做一件事情；否则，我们将一事无成。

做一个知书达礼的人

大学可以让我们自我发展与完善，大学不仅能帮助学生"读书明理"，更能帮助学生提升修养、品质、智慧。大学教育对于年轻人形成人生观、社会价值观，对于发现和理解生命的意义和人的社会价值有极大的作用。大学是人们的精神家园。

青少年作为明日的社会精英，在大学期间除了读好本科课程外，亦应把握所有机会与同窗多交流，多沟通，以培养人际沟通技巧，学习聆听，也多表达意见。这些同侪间的互动、不断的切磋砥砺，对于培养个人自信心、提高分析和自省能力都有莫大裨益。

大学在现代已经逐渐发展成高等教育系统，由各种类型的高校组成，不同类型的高校的社会职能与社会定位、人才培养目标、对学生的要求、教育教学模式各不相同。就读不同的高校通常与不同的职业生

涯发展有着较为密切的联系。选择大学,应当是个人对大学意义与价值和自身发展设想充分认识基础上的理性判断。从一般意义上讲,今天的大学至少能为学习者提供以下服务。

——大学是探究未知世界的场所。具有好奇心的年轻人与致力于探究未知世界的教师结成共同体,大家志同道合,在满足好奇中推动人的发展和社会发展。这样的职能是其他社会机构无法替代的。

——大学是年轻人交往的地方。大学把四面八方、有着各种文化背景、生活体验与经历的学生汇集起来,让年轻人相互交往并且相互学习,为每一个学习者提供发现不同的交往伙伴的机会。这是一个人成长中极为宝贵的财富。

> **【领袖语录】**
> 信仰比知识更难动摇;热爱比尊重更难变易;仇恨比厌恶更加持久。

——大学是实现学生身份到工作身份转化的必要预备。大学在帮助学生形成工作所需的专业能力的同时,还应帮助他们完成"工作准备",形成个人就业的"配置能力"(个人在就业市场上发现机会、自我判断、抓住机会实现就业的能力)。大学对学生在心理、文化、人际交往、专业等方面的训练,正是为了能有这样的"配置能力"。这是推动学生转型为"职业人"的社会化过程。

——大学帮助年轻人获得安身立命的专业能力。高等教育往往决定多数人终身的专业方向和职业领域,它帮助学生形成专业化的劳动能力,在今天这样分工高度专业化的社会,专业教育具有关键作用。

做适应社会需要的人

现代大学将越来越难以提供人们曾经期待的那种"社会地位配置"作用,而"回归"教育机构的本质。所以,大学生要认真把握大学能提供什么和自己需要什么,在大学里努力提升综合素质和专业能力,给自己的未来加注尽可能多的"能源"。

随着世界格局的变化,特别是东西方阵营的瓦解和各国发展模式的调整。原有政治主导或经济主导的状况相应改变。大学的普及成为影响青少年发展的重要因素,也引起青少年组织与社团的高度重视。大学为青少年学习提供动力的同时,为青少年组织与社团开展各种服务、活动、教育提供了机遇。

领袖素质

超常的适应能力。领袖的路并不一定是一帆风顺的。有前呼后拥的壮观场面,也有独自一人的低谷阶段。能够适应时局的起落变化,不被挫折打倒,不被胜利冲昏头脑是领袖的生存之道。

伟人的性格特点

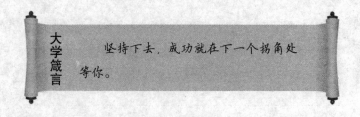

大学箴言　　　坚持下去，成功就在下一个拐角处等你。

非智力因素的作用

现代心理学研究表明，一个人的非智力因素（性格是其中一个重要方面）在一个人的成才中占有十分重要的作用。一个人具有优良而成熟的性格就能最大限度地发挥自己的精神力量，并能与环境中的他人建立和谐良好的关系。一个人的性格还是其自身品德、世界观的具体标志，是其精神面貌的综合反映和集中体现。

有人对享有盛誉、成就卓著的领导人的性格进行了研究，发现他们共同的性格特征是：实际、客观、求善、创新、坦诚、结交、爱生命、重荣誉、能包容、富有幽默感、悦己信人。这些性格特征是他们造福于人类的信仰的体现，对支持他们始终如一地为实现信仰而奋斗起了重大作用。

美国心理学家台尔曼对150名事业有成人士进行研究，发现性格因素与他们的成功有着密切关系。他们往往具有以下共同性格特征：第一，为取得成功的坚持力;第二,善于积累成果;第三,自信心强;第四,不自卑。考克斯对 1450 年至 1850 年 400 年间所出现的 301 位伟人进行研究,发现他们都有以下优秀性格特征:自信、坚强、进取、百折不挠等。

在社会实践中,对不同职业者还有不同的职业性格要求。例如,做医生要有严谨、认真、细心、安定的性格;做企业家要有独立、进取、坚强、开放、灵敏等性格;而作为军人就要有勇敢、坚强、果断、自制、机智等性格。不具备相应的职业性格特征的人,往往难称其职。

在日常生活和人际交往中,热情、真诚、友善的人受欢迎,生活也幸福;冷漠、虚伪、孤僻、不负责任的人受冷落,生活也多有不幸。

信念的作用

信念,是一种心理因素。信念领导力是战胜挫折、赢得机遇的前提,也是切实的方法。自信的人首先忠诚于自己的信念,这种信念融入你的言行、举止,让你的举手投足都在辅助你的语言所表达的信息,因而让人们相信你的能力和人格。作为一个领导者,信念坚定是战胜工作中的困难,力排干扰,把握时局,打开局面,果断决策和树立领导威望的一个重要的心理优势。

有了信念,才能以最佳心态开展工作、履行职责;有了信念,才能以饱满热情开创事业、完成使命。运动员在赛场比赛,要争得第一,争得一流,不可没有信念;求职者在人才市场应聘,要技压群芳,求得赏识,不可没有信念。一名领导干部,无论是作竞职演讲,还是就职表态,必须保持良好的心理素质和精神状态,以坚定的口气、热情的态度、积极的表现来赢得上级和群众的支持。

自信是一种认识和态度

自信是一种认识和态度,也通过人的风格来表现。美国形象设计大师鲍尔说:"成功男人的风格反映在外表,而优雅来自内在,它是你的自信及对自己的满意,它通过你的外表、举止、微笑展示。"自信并不一定是天生

具有的,它可以通过后天的培养而产生。如果你在生活中认真观察,你会发现这种自信是有感染力的。

心理学家发现,外向的性格和信念是吸引和保持朋友的重要原因。由于自信,朋友和同事愿意跟随着你,上司也会对自信的人高看一眼。因为你具有自信的气势,让别人相信你能把任何事都变成现实。然而信念却不一定需要用语言来表达,它通过你的神态、语气、姿势、仪态等等,无声无息地、由里向外地散发着魅力。

领袖素质　　服务大众的态度。领袖并不一定要用暴力主宰一切,事实上暴力统治一般不能长久。长久的领导艺术需要懂得如何服务大众,满足大众。

大学为伟人提供了成才的环境

> **大学箴言**
>
> 所谓人才，就是你交给他一件事情，他做成了；你再交给他一件事情，他又做成了。

环境对人的心理和行为具有普遍制约作用。系统论认为，环境是第一个在系统周围能够广泛产生作用的场所和条件。人的心理机能是对环境的长期适应的结果，人的心理和行为取决于当前的刺激、个性特征、整个环境及特征。同时，环境与人的心理和行为是相互作用的，这种关系不仅表现在人类生存的自然环境与人的心理与行为的相互作用，也表现在社会环境与人的心理和行为的相互作用，环境对人的心理、行为产生普遍的制约作用，人的心理、行为又导致环境的改变。

心理学家考夫卡在其《格式塔心理学原理》一书中提出环境分为现实的地理环境与个人意想中的行为环境，他认为行为产生于行为环境，受行为环境的调节。另一位心理学家勒温在《拓扑心理学原理》一书中提出

动力场理论,该理论中的生活空间是指人的行为,也就是人和环境的交互作用。勒温所指的环境是指心理环境,是与人的需求相结合在人脑中实际发生影响的环境,由于人的需求的作用,使生活空间产生了动力,勒温称为引力或斥力。由于生活空间具有的动力,人的行为就沿着引力的方向向心理对象移动。

大学为伟人们提供了一个"宽松"与"紧张"适度平衡的环境。大学的环境往往会创造出一种特有的氛围。耶鲁大学模仿英国牛津大学和剑桥大学的模式,从 20 世纪 30 年代开始实行的"住宿学院"制沿袭至今,每个"住宿学院"有 300~500 名本科生,男女比例对等,配有院长和学监各 1 名。12 个"住宿学院"拥有自己的餐厅、客厅、庭院、图书馆、娱乐室等。学校希冀借此使其学生所受的教育不仅仅局限于课堂知识,而且注重在起居社交时学到做人的道理,并从中获得终身的友谊。

列别捷夫曾说,"平静的湖面,炼不出精悍的水手;安逸的环境,造不出时代的伟人。"在这个高等教育良莠不齐的时代,一所真正的一流大学所能为国家和民族乃至整个社会做出的贡献是不可估量的。

领袖素质　　引导舆论的能力。不得不承认,所有的领袖都要有非常好的口才。他必须时刻掌握舆论导向,让思想意识统一在自己的领导方向上。在管理学中,领袖是人际角色中的一类,有着激励和指导团队成员的责任。

第一章　认识隆德大学

　　隆德的学术传统可以追溯到中世纪。由于隆德当时是斯堪的纳维亚大主教的所在地，因此成了中世纪斯堪的纳维亚的思想中心。发展到今天，隆德大学无论在瑞典国内还是在国际上都处于领先地位。

第一课　走近隆德大学

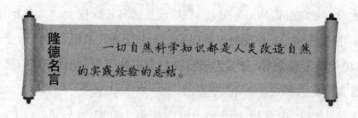

隆德名言　　一切自然科学知识都是人类改造自然的实践经验的总结。

隆德大学位于隆德市,是一所位于瑞典最南端的大学。隆德大学建于1666年,是现今瑞典境内第二古老的大学。

隆德大学有7个学系,另外在马尔默和赫尔辛堡设有分校区,共有34000人分别在50个专业的800个课程学习。隆德大学是欧洲研究型大学联盟成员,也是全球Universitas(国际大学联盟)21网络成员。

隆德大学自建校以来一直以隆德大教堂附近的Lundagard(伊拉兹马斯)公园为中心,另有一些系散布在隆德市的不同地点,其中大部分集中在一个带状地带,这个带状地带从公园向北,穿过大学医院并继续向北,一直到市的东北外围地区。在最外围的就是工程系的大校园,该系在瑞典又称为隆德工学院。

隆德市位于瑞典南部的斯坎纳省。该省自古以来就以文化著称,有瑞典最富饶的土地,也有瑞典最成功的公司。隆德市已有一千多年的历史,它至今保留着中世纪的街道布局,因而具有一种特别亲切的气氛。现在的

隆德是一个国际性城市,也是一个繁荣兴旺的文化科学城。它既重视古老的学术传统,又注重文化、教育和科研中的新动向、新思想。隆德市是一个历史悠久的教育和宗教中心,曾是丹麦大主教驻地。1085年这里设立了一所培训神职人员的教堂学校,是今天斯堪的纳维亚最古老的学校之一。1425年隆德曾尝试开展中世纪大学教育,但该校因丹麦进行宗教改革而搁置。

根据1658年《罗斯基勒条约》,瑞典取得斯科讷地区,王室随即于1666年设立隆德大学,作为对新领土进行瑞典化的手段。这是瑞典国土上的第五所大学,之前的四所分别是:1477年设立的乌普萨拉大学;1632年设立的古斯塔夫学院(Academia Gustaviana,现名塔尔图大学),现位于爱沙尼亚;1640年设立的奥博大学,现位于芬兰;1456年设立、1618年起归属瑞典的格莱夫斯瓦尔德大学,现位于德国。

隆德大学按瑞典国王卡尔十世古斯塔夫命名为Academia Carolina(北卡罗来纳州),这个名字一直是大学的正式名称,直到19世纪晚期,隆德大学的名称才广泛使用。

隆德大学设立时被获准成立四个系:法律、神学、医学和哲学。这四个系是大学的基础,并且在接下来的二百多年里保持了这个院系结构。一直到17世纪末,学生数目维持在100人左右。大学早期的著名教授有法学历史学家塞缪尔·普芬道夫及哲学家 Canutus Hahn(哈恩)和 Kristian Papke(克里斯蒂安)。

1676年发生的斯科讷战争导致大学一度关

闭，直到1682年才得以复校。大学得以复校有赖于本地的爱国人士的努力，但是大学的运作一直没有完全恢复正常，教学用的教室很少，很多课程被迫在隆德大教堂和附近的小礼拜堂教授，教授的报酬过低，直到进入19世纪末，一切才重上轨道。

1713年，瑞典国王卡尔十二世驻入隆德。因为征战的原因，他在隆德停驻了三年。隆德市和隆德大学因而获得了暂时的广泛关注。这个时期的著名教师是安德烈亚斯（Andreas Rydelius）。

随着1718年卡尔十二世逝世，和平终于恢复。在18世纪上半叶，大学的拨款增加了。学生的数目增加到500人左右，虽然还无法和乌普萨拉大学平起平坐，隆德大学却也树立了良好的声誉，并且有能力吸引杰出的教授前来任教。

1760年左右，学生数目跌至200人左右，其中大部分是来自于本省，大学的声誉也随之下降。不过，到1780年大学重建声誉，随后一直到19世纪20年代，大学的声誉都一直在上升。这应归功于受过良好教育的受欢迎的教师，尤其是哲学方面的：著名教授塞亚·汀吉娜（Esaias Tegnér）享有崇高威望。汀吉娜（Tegnér）又吸引了更多学生和学者来到隆德，其中就包括年轻的神学系学生布吕纽斯（C. G. Brunius），他在汀吉娜（Tegnér）教授的指导下学习古代语言，其后成为希腊语教授。后来他又投身于建筑学，他重新设计了隆德的一些建筑和斯科讷的一些教堂。

隆德大学的最高决策机构为该大学董事会。

董事会成员由教师代表、学生代表及社会知名人士组成。隆德大学现有以下7个学院：

1、隆德工学院。该学院主要承担工程课程、建筑以及工业设计等方面的教学与研究，同时，还可以进行短期继续教育。

2、科学院。该院系主要承担生物、化学、计算机科学、地球科学、物理以及数学等课程的教育及研究。其中，本科生需要完成一个普通研究项目和其他专业课程。在该学院的生物、化学、计算机、地球科学、环境科学、物理、数学和分子生物专业均可获得学士和硕士学位。

3、法学院。该学院主要从事行政管理法、银行法、宪法、环境法、国际贸易法、法律史、法律程序、社会安全法等各种法律课程的教育与研究。其中，法学院可以为攻读法学硕士学位的学生提供其研究项目（需要四年半时间），并为欲攻读法律毕业文凭的学生提供其学习科目（需两年时间）。同时，法学院还可以提供关于国际人权法方面的特殊研究科目，完成其研究后，可获得国际人权法硕士学位，并可获得一项有关欧洲事务的硕士研究项目。

4、社会科学院。该学院在校学生人数约1万人，居隆德大学各学院之首，设有经济管理系和行为科学系等，其本科生课程以从事研究课题的形式进行。

5、医学院。该学院拥有两个教学医院，其一是隆德大学医院，其二是位于马尔默的MAS（农业科学硕士）大学医院。目前，一个大型的生物医学中心正在建设之中，该生物医学中心建成后，将成为瑞典医学理论研究与临床医学的基地。

6、文学院和神学院。文学院和神学院虽然是两个不同的学院，但在隆德大学却被视为一个分支,二者共同负责博物馆和展览中心的设施。在文学院,人文学院的研究项目可自由组合。另外,还设有两个特别的研究项目,即图书馆管理和东南亚问题研究。在神学院,主要是进行宗教研究,该研究课程需3年左右的时间,1年为基础课程,其后2年为选修课。

7、马尔默艺术表演学院。主要是提供艺术、音乐以及戏剧方面的课程。

隆德大学研究所:建于1984年,其主要任务是推进东亚、东南亚在教育研究以及资料收集等方面的工作,并形成其网络。其研究重点之一是科学技术与第三世界。该研究所对发展中国家的科学技术政策颇有研究,尤其以中国和印度作为主要研究对象。该研究所曾经出版了《中国技术情报传播》《技术经济与中国现代化策略》和《中国—印度比较》等书。

隆德大学与工商界的联系:隆德大学作为一个教育科研中心和技术开发中心,对于周围的工商界起着重大的推动作用。一批高技术公司通过与该大学的紧密联系,共同合作研究,得以在本行业中保持世界领先地位,如:在世界医学技术领域中的知名公司金宝公司(Gambro)和阿斯特拉·德拉科公司的研究与开发机构均设在隆德。

另外,意得用(Idcom)——北欧最大的科技园,位于隆德大学工学院旁边。目前,科技园里已经进驻一百多家研究开发公司。他们的研究活动涉及化学、生物技术、医学、数据技术和电子学、半导体技术、远程通信、自动化技术、食品科学以及环境工程等领域。其

中,最大的公司是爱立信(Ericsson)公司,它把移动电话的全部开发工作都集中在隆德进行。

现在,隆德大学又建立了一系列新的合作模式,以加强与产业界的交流,使新技术、新知识应用到产业界的更新换代中。大学建立了一个专门机构负责协调与产业界的合作,为有新设想的公司或寻求科研能力的公司提供便利。同时,大学还创立了一个特别的公司与意得用科技园合作,从事科研设想的改善和科研成果应用的研究。

隆德大学小百科

瑞典隆德大学是一所现代化、国际化,具有高度活力和历史悠久的大学,世界百强大学之一。它建于 1666 年,有七个院系以及各研究中心和专业学术机构,涉及自然科学、法律、社会科学、经济管理、医学、工程技术、人文科学、神学和艺术(包括音乐、美术和戏剧)。有将近 6000 教职员工,是北欧最大的高等教育和科研机构。隆德大学的国际合作非常广泛,是欧洲研究型大学联盟,诸如牛津、剑桥等大学参与的欧洲研究型大学联盟(League of European Research Universities)的成员,也是著名国际大学联盟中唯一的斯堪的纳维亚大学,隆德大学也是哥本哈根、马尔默和隆德厄尔松地区的 12 所大学组成的大学联盟·厄尔松大的成员。

第二课　隆德大学概况

> 隆德名言
>
> 科学研究的进展及其日益扩充的领域将唤起我们的希望。

　　瑞典隆德大学是一所现代化、国际化,具有高度活力的大学。隆德大学建立于1666年,拥有八个院系和众多研究中心和专业学术机构,现在是瑞典最具科研实力的大学, 世界百强大学之一, 提供英语授课的教育课程,涉及领域广泛,包括自然科学、法律、社会科学、经济管理、医学、工程技术、人文科学、神学和艺术(包括音乐、美术和戏剧)。有将近6000教职员工,包括70个硕士专业项目和300门单科课程。隆德大学还提供攻读博士生和研究生的深造机会。

课程介绍

　　英文授课本科——发展研究;入学要求:高中毕业(最好是大学在读学生),托福90或雅思6.5以上;学费:90,000瑞典克朗/学年。

　　英文授课硕士——经济管理学院:会计与审计、会计与管理控制、公司与财务管理、经济人口统计学、经济增长创新与空间活力、经济史、经

济学(1/2年)、创业学、欧洲与国际税法、金融学、信息系统、国际经济(中国研究)、国际营销与品牌管理、人力知识变化管理、持续商业领导;以上多为一年制硕士课程,经济学、金融学可以2年。学费:约110,000瑞典克朗/学年。

自然科学:天体物理学、大气与生物地球化学循环、生物学、化学、环境科学(瑞典)、地理信息系统、地质信息科学与地球环境观察模拟管理、地质学、地质信息、数学、数学统计、分子生物学、分子物质组织、自然地理与生态系统分析、物理学、蛋白质科学、同步加速器辐射科学;学费:约140,000瑞典克朗/学年。

工程学:生物技术、食品工艺与营养学、纳米科学、光子学、可持续城市规划、芯片系统设计、水资源工程、无线通信;学费:约140,000瑞典克朗/学年。

社会科学:发展研究、认识科学、全球研究、欧洲事务、人类生态学、人类地理学、性别研究、国际发展与管理、福利政策与管理;学费:100,000瑞典克朗/学年。

人文学科与神学:应用文化分析、考古学、电影与媒体制作、语言及语言学、文学文化与传媒、欧洲宗教溯源、视觉文化;学费:约100,000瑞典克朗/学年。

医学:公共卫生:学费170,000瑞典克朗/学年。

运动科学:学费130,000瑞典克朗/学年。

法学：欧洲商业法、国际人权法、海事法；学费：约130,000瑞典克朗/学年。

灾难管理、社会科学与技术、环境管理与政策、环境科学、亚洲研究、旅游管理；学费：100,000瑞典克朗/学年。

理工科

隆德大学技术学院和自然科学系目前正与中国的研究部门一同开展着近35个科研项目的研究合作。2000年以来，隆德大学物理系与南京大学在粒子物理方面进行了深入的合作研究。

纳米结构联合企业/固态物理研究组织—国家纳米科学和技术中心，隆德大学与包括北京大学、清华大学、南京大学和大连理工大学以及中国科学院的物理、化工及半导体研究所在内的中国高等学府建立了广泛的合作。

1998年以来，隆德大学联合相关企业及中国的有关单位在北京和隆德分别举办了一系列有关纳米科学及纳米技术的研讨会。

隆德大学物理系在瑞典国际发展署的琳娜·帕姆（"Linnaeus–Palme"）交换项目框架内与复旦大学现代物理研究所还进行了师生之间的交换与交流。这个项目的目的，是借助尖端设备推动核物理学特别是光谱学方面教学方法的发展。

这一交换计划，为隆德大学的学者提供了参与复旦大学光谱实

验室建设的机会。隆德大学工学院的水资源工程系参与了中国多个水利研究项目,合作的单位有中国水利部、清华大学、兰州大学和广州的中国科学院南海海洋研究所等。

医学

隆德大学医学院与中国在各个层次上开展了合作。例如,从1995年开始就与中山医科大学(即现在的中山大学医学院)签订了合作协议。

自1997年起,该学院心脏病学系与大连医科大学心脏病学系合作进行心律失常方面的研究,目前大连医科大学先后有几位博士研究生在隆德大学学习。该系还有一个由中国访问学者参加的合作研究项目。目前这一合作研究项目的成果,已经以论文的形式在多个国际刊物上发表。

精神病学系、内分泌学系和放射物理学系也都有与中国各个大学在科学研究方面交流的记录。

社会科学

社会科学学科的各系都与中国方面开展了合作。社会学系在复旦大学的北欧研究中心开设了北欧研究课程。来自北欧多所大学的教师参与了这项合作,并可望将其发展成为复旦大学的一个完整的硕士课程。

北欧研究是加强与中国科学家交流这一战略的一部分,并将在未来发展成为

一项长期的研究交流项目。社会学系还合作开设了两门以互联网为平台的硕士研究生远程教育课程,这些课程共由三所中国的大学和七所欧洲的大学合作开设。

社会学系还应邀在上海建立行政管理方面的教育项目。政治科学系已与复旦大学建立了教学及研究合作关系,并且为复旦大学的硕士研究生、在上海复旦外事管理培训中心就读的硕士研究生,开设了"国际谈判"课程。

法律社会学系在中国正在进行的一些合作项目,大部分是有关环境教育的。例如,该系在与上海华东师范大学的合作中,除了其他项目外,还将在今后三年实施"师范教育中环境教育进程的国际培训计划"。

另外,与瑞典国际发展署(SIDA)、中国野生动物保护基金会(WWF China)以及隆德大学国际工业环境经济研究所(IIIEE)等合作的其他一些环境教育项目也正在进行中。

人文学科

隆德大学东亚语言系,正在进行着中国文学、汉语、汉语词典学、互联网与审查制度、人权、文化遗产、地方宗教信仰以及少数民族语言等方面的研究。

远程教育

隆德大学开设了有多种选择的远程教育课程,并开发了自己的网络教育平台。为满足国际市场包括中国市场的需求,这些课程大多已翻译成英文,少部分已翻译

成中文。

隆德大学是隆德远程教育公司(LUVIT AB)的所有人之一,隆德远程教育公司(LUVIT AB)与中国的大学合作,将网络教育平台译成中文。

除了其他项目以外,LUVIT AB也正在与北京中国国家教师远程教育研究中心合作研究远程教育课程中新的合作形式。中国国家教师远程教育研究中心正准备在国内建立新的一系列远程教育中心。

隆德远程教育公司(LUVIT AB)正在研究为中国的大学教师和政府官员开设公共博士远程教育课程。在远程教育方面隆德大学还正在与中国广播电视大学以及其他与隆德大学有合作关系的大学进行合作。

委托培养

隆德大学为所有需要与隆德大学或其学院系科联系的客户设立了统一的联系机构——隆德大学教育集团（简称隆大教育，即LU Education)。

这是一家隆德大学独资拥有的企业,是隆德大学为满足社会上希望与隆德大学丰富而富创新的学术环境建立更紧密联系的需求而设立的。

隆大教育已经代表隆德大学与瑞典以及国外(包括中国)的公司、组织和机构签订了许多商业性质的合作合同。

例如,隆大教育已经与浙江大学合作,在杭州建立了中&瑞合作管理发展中心。这一中心将负责管理和协调预定在隆德和杭州两地举办的联合教育和培训活动。

服务

隆大教育可提供隆德大学为瑞典以及国外的公司、组织和机构专门度身定做的合作计划。

几乎所有隆德大学的项目和课程都可以用英文来讲授，并且建立了丰富的基础资源库。但我们的主要服务目标在于为客户提供专门设计并按照指定方式提供的从本科课程组合到管理硕士研究生的全部课程。

另外，隆大教育还提供与有合作关系的大学一起开发设计的教育课程和培训计划。我们的研究人员和教师在采用教学方法和适应不同培训地点方面都有很强的灵活性，使客户无论是身处隆德校园还是客户方面在瑞典或国外的培训环境，甚至是在网络的虚拟空间，都能获得高质量的培训。

专业设置

数学和自然科学院：生物化学；理论物理学；航天科学；基因学；湖泊学；植物学和植物生理学；动物学和动物生理学；无机和有机化学；数学；矿物学；石油地质学；微生态学；动物生态学；动力系统；放射物理；计算机科学。

工程学院:建筑科学;工业管理;工作环境;应用营养学;水资源工程;化学工程;机器人工程;固态力学;热能工程;电磁理论;城镇规划;机械组成及配件;食品工程;远程通信工程;工业电力工程;信息理论;生产和材料技术;自动和系统科学环境经济学;交通规划学;生物工程;建设管理;原子物理;建筑和发展;能源经济规划;信号加工工程;机器设计;运输工程。

神学院:宗教哲学;宗教心理学;宗教历史;宗教及其派别;犹太教研究;伊斯尼教研究;宗教历史及其现象;新约解评;旧约解评。

法学院:法律程序;公共法;税法;劳工法;行政法;民法;刑法;法律历史;法理学;国际法;社会福利法。

人文科学院:中世纪考古学;音乐研究;民谣研究;英语文学;古代历史;理论哲学;实践哲学;艺术史;中国语言;德国语言;历史;普通语言学;当代艺术与环境。

政治和社会学院:文化社会学;法律社会学;政治科学;公共事务和行政管理;交际社会学;心理学;临床心理学;社会工作;社会地理分布;经济学;经济历史;国际经济;统计学;商业法;商业管理;经济分布;当代经济史;教育;儿童教育;政策研究;信息和计算机科学。

医学院:职业病研究;精神病学;病理学;临床化学;外科和内科;妇科;儿科;免疫学;风湿病研究;细菌学;五官科;临床生理学;解剖;药学;肿瘤科学;皮肤病和性病;麻醉;血液学;传染病学;遗传学;寄生虫病;凝结研究;生理疗法;放射疗法;外科和内科手术;胚胎学;神经科;公共健康与卫生;临床矫形科学;生物医学工程;临床生物化学;儿童和青少年心理学;医学分析。

牙齿科学院:畸齿矫形;牙周病学;社区牙科医学;龋齿病学;牙科技术;口腔微生物学;口腔修复;口腔病理;根管治疗学;口腔放射;口腔手术;口腔病分析。

图书馆及计算机资源

图书馆藏书丰富,门类齐全,现有藏书400多万册,书架排列起来超过10万米。采用最新技术保存古代手稿。

过去数十年中增添的图书都已登录在图书馆的计算机数据库中,图书馆的大部分日常工作都已经计算机化。

大学内部的计算机网络与国际网络很早即已连通。大学的研究人员可以从世界各地的大学图书馆取阅文献。

隆德大学入学要求

相关专业本科毕业,学士学位；托福90或雅斯6.5(小分5.5)以上,个别专业要求更高。

入学时间：八月中下旬至九月初。

申请费：每年900瑞典克朗。

奖学金计划

1、瑞典政府奖学金:从2012年开始瑞典政府会提供总额6000万瑞典克朗的奖学金(学校将根据学生情况自主决定给非欧盟学生减免学费)。

2、大学奖学金:学校在当地公司和基金会的赞助下,会为国际学生提供若干数量的奖学金,通常是减免部分学费(75%左右)。

隆德大学小百科

2007年隆德大学被誉为伊拉兹马斯(Erasmus)成功先例,是国际交流活动最为活跃的欧洲大学。每年来隆德学习的国际学生有3000名左右,而且隆德大学的科研环境也非常国际化,不断地吸引世界各地的教授和学者来隆德参加科研合作。隆德大学1997-2002担任"欧盟--中国高等教育合作项目"主席,积累了与中国各高教科研合作的宝贵经验,并在欧盟以及中国合作对象和范围内树立了很高的威信。近年来隆德大学与中国的高等教育和科研组织机构建立了广泛的合作。2007年9月隆德大学组织了"北欧中国合作论坛",北欧科教组织和中科院的专家学者们就生命科学、信息科学、纳米科学、环境资源科学双方的合作进行了深入的讨论,旨在进一步促进并实现与北欧各国的科技合作。

第三课　隆德大学学校特色

隆德名言

　　金钱这种东西，只要能解决个人的生活就行，若是过多了，它会成为遏制人类才能的祸害。

　　隆德的学术传统可以追溯到中世纪，那时这里设有一所神学院。由于隆德当时是斯堪的那维亚大主教的所在地，因此成了中世纪斯堪的那维亚的思想中心。

　　隆德大学建立于1666年，发展到今天，隆德大学已成为一个高等教育与科学研究的现代化中心。目前，隆德大学无论在瑞典国内还是在国际上都处于领先地位。

　　隆德大学在许多方面具有特色，如民主的视点，批判的思维，对全球环境的关注，以及对种族多样性和社会多样性的关注等等。另外，改革思想与人文主义关照相结合以及幽默感也是隆德大学特有的价值观。

　　隆德市位于瑞典南部的斯坎纳省。该省自古以来就以文化著称，有瑞典最富饶的土地，也有瑞典最成功的公司。隆德市已有一千多年的历史，它至今保留着中世纪的街道布局，因而具有一种特别亲切的气氛。

　　现在的隆德是一个国际性城市，也是一个繁荣兴旺的文化科学城。它

既重视古老的学术传统，又注重文化、教育和科研中的新动向、新思想。

隆德大学的国际合作非常广泛，是欧洲研究型大学联盟，诸如牛津、剑桥等大学参与的欧洲研究型大学联盟（League of European Research Universities）的成员，也是著名国际大学联盟中唯一的斯堪的纳维亚大学，隆德大学也是哥本哈根、马尔默和隆德厄尔松地区的12所大学组成的大学联盟：厄尔松大的成员。

2007年隆德大学被誉为伊拉兹马斯（Erasmus）成功先例，是国际交流活动最为活跃的欧洲大学。每年来隆德学习的国际学生有3000名左右，而且隆德大学的科研环境也非常国际化，不断地吸引世界各地的教授和学者来隆德参加科研合作。

隆德大学1997—2002担任欧盟—中国高等教育合作项目主席，积累了与中国各高教科研合作的宝贵经验，并在欧盟以及中国合作对象和范围内树立了很高的威信。近年来，隆德大学与中国的高等教育和科研组织机构建立了广泛的合作。

2007年9月隆德大学组织了"北欧中国合作论坛"，北欧科教组织和中科院的专家学者们就生命科学、信息科学、纳米科学、环境资源科学双方的合作进行了深入的讨论，旨在进一步促进并实现与北欧各国的科技合作。

隆德大学现有7个学院和众多研究中心和专业学术机构，是瑞典最具科研实力的大学，世界百强大学之一。隆德大学建立于1666年，提供英语授课的教育课程，涉及领域广泛，包括70个硕士专业项目和300门单科课程。隆德大学还提供攻读博士生和研究生的深造机会。

选择隆德大学的十个理由：

1. 世界百强大学。

2. 82%的毕业生在毕业六个月之内都获得了永久合同。

3. 超过30家世界领先的创新和研究机构的发源地。

4. 超过80个硕士项目和超过500门英文授课课程。

5. 建立于1666年，是北欧最古老的大学之一。

6. 被认为是瑞典最好的大学城，也是瑞典学生心中的最佳选择。

7. 负有盛名的隆德学生。

8. 欧洲最受学生欢迎的留学交换目的地之一、瑞典最受欢迎的留学交换目的地。

9. 瑞典是世界上最安全的国家之一，而且是排名前三的最宜居住地。

10. 国际化的环境，89%的瑞典人都说流利的英文。

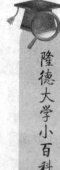

隆德大学小百科

　　2011年5月4日，瑞典隆德大学服务管理系主任克利斯特尔·艾德教授一行3人访问北京工商大学，基于双方合作愿望和学科特色，北京工商大学与隆德大学服务管理达成了合作意向，建立正式的合作关系。

　　当日下午，国际交流合作处罗朝能处长主持双方会谈，向来宾详细地介绍了北京工商大学发展历史，学科专业规模，学科和学术优势以及学校国际合作的内容和形式，并表达了与包括隆德德大学在内和世界著名大学合作的愿望。

第四课　隆德大学名人榜——西格班与X射线

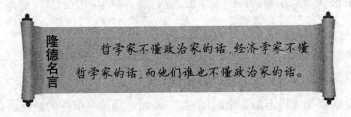

隆德名言

　　哲学家不懂政治家的话,经济学家不懂哲学家的话,而他们谁也不懂政治家的话。

　　1886年12月3日生于瑞典南部的厄勒布鲁城，由于他在物理学方面的杰出贡献，职位一直坐到瑞典皇家科学诺贝尔物理学研究所所长和诺贝尔基金会委员。

　　卡尔·西格班1906年中学毕业后，进入隆德(Lund)大学，并于1911年以"磁场测量"为题获博士学位。

　　1907年至1911年在隆德大学物理研究所当著名光谱学家里德伯的助教，1920年里德伯去世后，接任物理学教授，1923年担任乌普沙拉大学物理学教授，1937年任瑞典皇家科学院实验物理学教授，同年瑞典皇家科学院诺贝尔研究所物理部成立，卡尔·西格班任第一届主任。

　　卡尔·西格班于1964年退休，1978年9月

26日逝世。他的儿子凯·西格班（Kai M.Siegbahn，1918— ）也是著名的物理学家，并因在高分辨率电子能谱学所作的贡献而获得1981年的诺贝尔奖。

【人物简介】

"西格班在X射线光谱学研究上有杰出贡献，西格班的父亲也是X射线的研究者之一，在瑞典科学研究史上，西格班及其家人为研究X射线做出了不可磨灭的贡献。"

卡尔·西格班是继巴克拉之后，又一次因X射线学的贡献而获诺贝尔物理学奖的物理学家。1895年伦琴发现X射线时，还没有建立X射线谱的概念，也没有任何实验证据证明X射线具有一定的分布特性。

巴克拉第一次发现在一个实验中，不管元素已化合成什么化合物，它们总是发射一种硬度的X射线。这说明X射线具有标识特定元素的特性。当原子量增大时，标识X射线的穿透本领会随着增大。也就是说，X射线变得越来越硬。当原子量很高时却又出现一种软得多的成分。这是一种特殊的标识辐射。

巴克拉发现这种新标识辐射的穿透本领也随元素原子量的增大而增大。巴克拉把这两种X辐射分别称之为K辐射和L辐射，可以说，他已经开始进入X射线谱的范畴了。劳厄发现X射线衍射对说明X射线的波动性具有决定性的意义。

X射线既然是波，就可以像可见光一样，用波长来表征不同成分的X射线。劳厄的发现不仅说明了X射线的特性和晶体点阵的真实性，还为科学提供了新的研究方法。这就是用晶体分析X射线。正是在这一基础上，布拉格父子成功地解释了X射线衍射图像，并且设计出了有效的X射线光谱仪。

这一X射线光谱仪为研究X射线谱奠定了基础。莫塞莱用布拉格X射线光谱仪研究不同元素的X射线，取得了重大成果。他从照相所得的各种元素的X射线辐射，证明K辐射是由两条谱线组成，L辐

射是由四条谱线组成。

莫塞莱把各种元素的X射线谱线排列在一起，发现了一个极其简单的数学定律，根据这一定律，根据谱线位置决定的频率和波长可从所谓的原子序数得到。原子序数把各种元素基本上按原子量递增的顺序排列成一个系列，可是却比按原子量递增排列得到更合理的顺序。科学界公认莫塞莱应与巴克拉共享1917年诺贝尔物理学奖，可惜，莫塞莱于1915年不幸死在欧洲战场上。

他们的工作被卡尔·西格班继承和发展。卡尔·西格班发展了新的方法，设计了新仪器。他改进了真空泵的设计，特别是分子泵。他设计的X射线管，可使曝光时间大大缩短，从而使他的测量精度大为提高。因此他能够对X射线谱系作出精确的分析，他首先验证了巴克拉用吸收方法测出的K系和L系，同时他又发现了M系。

他测量波长的精确度比莫塞莱提高了1000倍。他证明了莫塞莱的K谱系一般都是双线，他还在50种元素的X谱线中找到了28条L系谱线和24条M系谱线。卡尔·西格班的工作支持了玻尔等人把原子中电子按壳层排列的观点。

卡尔·西格班和他的同事还从各种元素的标识X辐射整理出系统的规律，对原子的电子壳层的能量和辐射条件建立了完整的知识，同时也为与之有关的现象作出量子理论解释建立了坚实的经验基础。

卡尔·西格班在他的《伦琴射线谱学》一书中对这方面的成果作了全面总结。该书的德文版于1923年出版，英文版于次年出版。这是一部经典的科学著作。卡尔·西格班的X射线谱仪测量精度非常之高，以至于30年后还一直在许多方面得到应用。他利用两个显微镜，架在精密的测角器对角线两端，可读到角度的十分之几秒，整个光谱仪处于恒温状态。

X射线的研究方法

卡尔·西格班和他的学生们还创造了一种方法，可以根据X射线光谱分析确定未知材料的成分。这种方法是将未知材料在两束X射线下曝光，从所得X射线光谱的分布可以确定从原子序数为11的钠到原子序数为92的铀之间的全部元素。

卡尔·西格班的早期工作是研究电磁问题。1914年开始，西格巴从对电磁学的研究转向X射线光谱学。为此，他在隆德大学创建了著名的光谱学实验室。

1921年，他设计了研究光谱用的真空分光镜。他先把要分析鉴定的材料涂在X射线管的阳极板上作为靶标，再用阴极发出的电子去冲击阳极板，使其受激发，发出标识X射线。然后，用他所发明的分光镜来观察X射线光谱，并用摄谱仪摄下光谱照片。

利用这种方法，他测量、分析并确定了92种元素的原子所发射的标识X射线。这些元素的X射线标识谱间的相对简易性和紧密相似性使他确信这些辐射起源于原子

内部而与外围电子结构所支配的复杂光谱线及化学性质无关。他证明了巴克拉发现的K辐射与L辐射的确存在。

另外,他还发现了另一谱线系,即M系。西格班光谱仪的高度分辨率显示了莫塞莱所发现的K谱线为双线。他在L系中发现了28条谱线,在M系中发现了24条谱线。他的工作支持波尔等科学家关于原子内电子按照壳层排列的观点。

从伦琴开始,人们一直试图证明X射线是一种波长短的电磁辐射。1924年,西格班用棱镜演示X射线的折射获得成功,从而完成了这一历史使命。1937年以后,卡尔·西格班领导的研究所致力于研究核物理问题。为此目的,1939年建造了一台可把氘核加速至5MeV~6MeV能量的回旋加速器。不久又改建成可使氘核加速到30MeV能量的更大的回旋加速器。除此之外,又建立了400000V的高压发生器。

1962年此设备改建为1.5百万V的发电站。为了研究不同放射性同位素的能量和辐射,在研究所里还建造了一台电磁分离器,并设计和建造了用于不同目的的各种新型β谱仪。用这些技术设备和后来研究出来的一些恰当的方法,卡尔·西格班和他的同事们开展了一系列重要研究。

他们研究了不稳定原子核的辐射过程和不同类型的核反应,并且精确地测量了原子核的磁特性。卡尔·西格班和他的同事们还进行了其他项目的研究,例如建造了一台新型的电子显微镜和能自动工作的光栅刻线机(精度可达每毫米1800条线),这种光栅特别适合于X

【西格班的伟大成就】

因在X射线光谱学方面的研究和发现,获得了1924年度的诺贝尔物理学奖。他证明了巴克拉发现的K辐射与L辐射确实存在。

他还发现了另一谱线系,即M系。西格班光谱仪的高度分辨率显示了莫塞莱所发现的K谱线为双线。他在L系中发现了28条谱线,在M系中发现了24条谱线。他的工作支持波尔等科学家关于原子内电子按照壳层排列的观点。

射线和远紫外区。在他的研究所里,一大群年轻的科学家,包括许多来自国外的,参加到了原子核及其放射特性的研究之中。

X射线的特点:X射线的特征是波长非常短,频率很高,其波长约为$(20 \sim 0.06) \times 10^{-8}$厘米之间。因此X射线必定是由于原子在能量相差悬殊的两个能级之间的跃迁而产生的。所以X射线光谱是原子中最靠内层的电子跃迁时发出来的,而光学光谱则是外层的电子跃迁时发射出来的。X射线在电场磁场中不偏转。这说明X射线是不带电的粒子流,因此能产生干涉、衍射现象。

X射线的分类,放出的X射线分为两类:

(1)如果被靶阻挡的电子的能量,不越过一定限度时,只发射连续光谱的辐射。这种辐射叫作轫致辐射,连续光谱的性质和靶材料无关。

(2)一种不连续的,它只有几条特殊的线状光谱,这种发射线状光谱的辐射叫作特征辐射,特征光谱和靶材料有关。

X射线的应用领域

X线机医学上常用来作辅助检查。临床上常用的x线检查方法有透视和摄片两种。透视较经济、方便,并可随意变动受检部位作多方面的观察,但不能留下客观的记录,也不易分辨细节。

摄片能使受检部位结构清晰地显示于X线片上,并可作为客观记录长期保存,以便在需要时随时加以研究或在复查时做比较。必要时还可作x线特殊检查,如断层摄影、记波摄影以及造影检查等。选择何种X线检查方法,必须根据受检查

的具体情况,从解决疾病尤其是骨科疾病的要求和临床需要而定。X线检查仅是临床辅助诊断方法之一。

X射线具有很强的穿透力,医学上常用作透视检查,工业中用来探伤。长期受X射线辐射对人体有伤害。X射线可激发荧光、使气体电离、使感光乳胶感光,故X射线可用电离计、闪烁计数器和感光乳胶片等检测。晶体的点阵结构对X射线可产生显著的衍射作用,X射线衍射法已成为研究晶体结构、形貌和各种缺陷的重要手段。

卡尔·西格班的儿子凯·西格班(1918~)1981年分享物理学奖。获得诺贝尔奖的机会本来就非常之小,但父子二人都曾接受过这项殊荣,凯·西格班是在1981年得的奖,其父卡尔·西格班则于1924年获得。

在获奖致辞中,凯·西格班说:"如果你每天从早饭时候起就开始讨论物理学,那肯定是大有好处的。"显然,凯跟他的父亲学得很好,因为他们父子二人都是因为在光谱学上的成就而获奖。光谱学是检测粒子和测量其能量的一门学科。老西格班的获奖是因为X射线光谱学的研究。

X射线的贡献

这是了解原子结构的重要途径。大家知道,X射线发自原子内部。莫塞莱确定的原子序数实际上代表了原子核内正电荷的单位数。K辐射和L辐射相当于玻尔原子理论中的两种不同的跃迁。

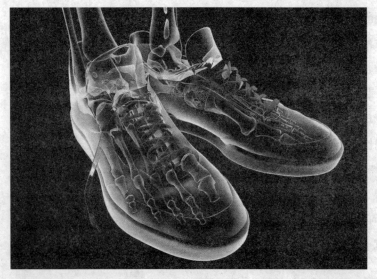

K辐射比L辐射的波长短,说明

K辐射包含的原子能量的变化比L辐射大。也就是说,发射一条K谱线时电子跃迁到比发射一条L谱线更靠近原子核的轨道上。这样就可推断,最靠近原子核的是K能级,它的外面是L能级。

既然还观测到了波长更长的M谱线和N谱线,可以判定在L能级之外还有M能级和N能级。卡尔·西格班精确测定了这些谱线实际上是由许多细线组成的,说明这些能级还可分为更精细的结构。这一切就成了人们研究原子结构的基础。

可见,X射线光谱学为原子物理学提供的丰富资料具有何等重要的价值!卡尔·西格班为适应不同波长的测量精心改进X射线光谱仪、改进X射线管,发现标识谱中M和N线系做出了重要贡献;精益求精、努力改进仪器装置、善于学习是他成功的重要因素。

X射线的定义

X射线是波长介于紫外线和γ射线间的电磁辐射。X射线是一种波长很短的电磁辐射,其波长约为$(20 \sim 0.06) \times 10^{-8}$厘米之间。由德国物理学家伦琴于1895年发现,故又称伦琴射线。

伦琴射线具有很高的穿透本领,能透过许多对可见光不透明的物质,如墨纸、木料等。这种肉眼看不见的射线可以使很多固体材料发生可见的荧光,使照相底片感光以及空气电离等效应,波长越短的X射线能量越大,叫作硬X射线,波长长的X射线能量较低,称为软X射线。波长小于

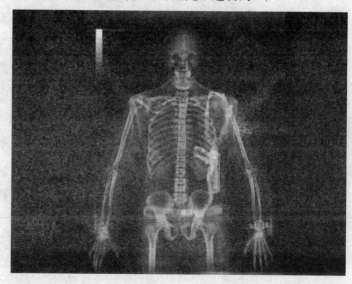

0.1埃的称超硬X射线,在0.1～1埃范围内的称硬X射线,1～10埃范围内的称软X射线。

X射线的特征是波长非常短,频率很高。因此X射线必定是由于原子在能量相差悬殊的两个能级之间的跃迁而产生的。所以X射线光谱是原子中最靠内层的电子跃迁时发出来的,而光学光谱则是外层的电子跃迁时发射出来的。X射线在电场磁场中不偏转。这说明X射线是不带电的粒子流。

X射线(英语:X-ray),又被称为爱克斯射线、伦琴射线或X光,是一种波长范围在0.01纳米到10纳米之间(对应频率范围30 PHz到30EHz)的电磁辐射形式。X射线最初用于医学成像诊断和X射线结晶学。X射线也是游离辐射等这一类对人体有危害的射线。

1906年,实验证明X射线是波长很短的一种电磁波,因此能产生干涉、衍射现象。X射线用来帮助人们进行医学诊断和治疗;用于工业上的非破坏性材料的检查。

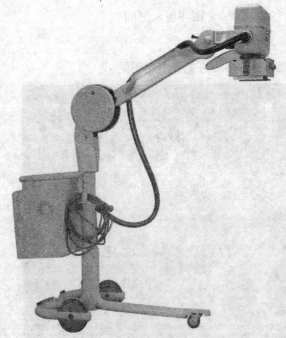

X射线是波长范围在0.01纳米到10纳米之间(对应频率范围30PHz到30EHz)的电磁波,具波粒二象性。电磁波的能量以光子(波包)的形式传递。当X射线光子与原子撞击,原子可以吸收其能量,原子中电子可跃迁至较高电子轨态,单一光子能量足够高(大于其电子之电离能)时可以电离此原子。

一般来说,较大之原子有较大机会吸收X射线光子。人体软组织由较细之原子组成,而骨头含较多钙离子,所以骨头较软组织吸引较多X射线。故此,X射线可以用作检查人体结构。

X射线的发现

1895年11月8日晚,伦琴陷入了深深的沉思。他以前做过一次放电实验,为了确保实验的精确性,他事先用锡纸和硬纸板把各种实验器材都包裹得严严实实,并且用一个没有安装铝窗的阴极管让阴极射线透出。

可是现在,他却惊奇地发现,对着阴极射线发射的一块涂有氰亚铂酸钡的屏幕(这个屏幕用于另外一个实验)发出了光,而放电管旁边这叠原本严密封闭的底片,现在也变成了灰黑色。这说明它们已经曝光了!

这个一般人很快就会忽略的现象,却引起了伦琴的注意,使他产生了浓厚的兴趣。他想:底片的变化,恰恰说明放电管放出了一种穿透力极强的新射线,它甚至能够穿透装底片的袋子。不过目前还不知道它是什么射线,于是取名"X射线"。

于是,伦琴开始了对这种神秘的X射线的研究。他先把一个涂有磷光物质的屏幕放在放电管附近,结果发现屏幕马上发出了亮光。接着,他尝试着拿一些平时不透光的较轻物质比如书本、橡皮板和木板,放到放电管和屏幕之间去挡那束看不见的神秘射线,可是谁也不能把它挡住,在屏幕上几乎看不到任何阴影,它甚至能够轻而易举地穿透15毫米厚的铝板!直到他把一块厚厚的金属板放在放电管与屏

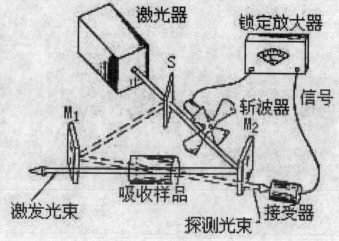

幕之间,屏幕上才出现了金属板的阴影。看来这种射线还是没有能力穿透太厚的物质。实验还发现,只有铅板和铂板才能使屏不发光,当阴极管被接通时,放在旁边的照相底片也被感光,即使用厚厚的黑纸将底片包起来也无济于事。

接下来更为神奇的现象发生了!一天晚上,伦琴很晚也没回家,他的妻子来实验室看他。于是他的妻子便成了在照相底片上留下痕迹的第一人。当时伦琴要求他的妻子用手捂住照相底片。当显影后,夫妻俩在底片上看见了手指骨头和结婚戒指的影像。

1896年1月5日,在柏林物理学会会议上,展出了很多X射线的照片;同一天,维也纳《新闻报》也报道了发现X光的消息。这一伟大的发现立即引起人们的极大关注,并很快传遍全世界。在几个月的时间里,数百名科学家为此进行调查研究,一年之中就有上千篇关于X射线的论文问世。

伦琴虽然发现了X射线,但当时的人们——包括他本人在内,都不知道这种射线究竟是什么东西。直到20世纪初,人们才知道X射线实质上是一种比光波更短的电磁波,它不仅在医学中用途广泛,成为人类战胜许多疾病的有力武器,而且还为今后物理学的重

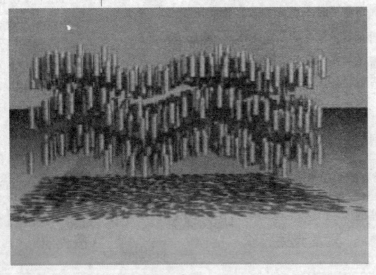

大变革提供了重要的证据。正因为这些原因,在1901年诺贝尔奖的颁奖仪式上,伦琴成为世界上第一个荣获诺贝尔奖物理奖的人。人们为了纪念伦琴,将X(未知数)射线命名为伦琴射线。

X射线的发展

X射线是19世纪末20世纪初物理学的三大发现(X射线1895年、放射线1896年、电子1897年)之一,这一发现标志着现代物理学的产生。

自伦琴发现X射线后,许多物理学家都在积极地研究和探索。1905年和1909年,巴克拉曾先后发现X射线的偏振现象,但对X射线究竟是一种电磁波还是微粒辐射,仍不清楚。1912年德国物理学家劳厄发现了X射线通过晶体时产生衍射现象,证明了X射线的波动性和晶体内部结构的周期性,发表了《X射线的干涉现象》一文。

劳厄的文章发表不久,就引起英国布拉格父子的关注。当时老布拉格(WH. Bragg)已是利兹大学的物理学教授,而小布拉格(WL. Bragg)则刚从剑桥大学毕业,在卡文迪许实验室。由于都是X射线微粒论者,两人都试图用X射线的微粒理论来解释劳厄的照片,但他们的尝试未能取得成功。年轻的小布拉格经过反复研究,成功地解释了劳厄的实验事实。

他以更简洁的方式,清楚地解释了X射线晶体衍射的形成,并提出了著名的布拉格公式:nX=Zdsino。这一结果不仅证明了小布拉格的解释的正确性,更重要的是证明了能够用X射线来获取关于晶体结构的信息。

1912年11月,年仅22岁的小布拉格以《晶体对短波长电磁波衍射》为题向剑桥哲学学会报告了上述研究结果。老布拉格则于1913年元月设计出第一台X射线分光计,并利用这

台仪器,发现了特征X射线。小布拉格在用特征X射线分析了一些碱金属卤化物的晶体结构之后,与其父亲合作,成功地测定出了金刚石的晶体结构,并用劳厄法进行了验证。

金刚石结构的测定完美地说明了化学家长期以来认为的碳原子的四个键按正四面体形状排列的结论。这对尚处于新生阶段的X射线晶体学来说是一个非常重要的事件,它充分显示了X射线衍射用于分析晶体结构的有效性,使其开始为物理学家和化学家普遍接受。

X射线的原理

当接通电源,按下启动按钮时,整机便开始工作。由主控器发出的脉冲信号,经功率放大,倍压产生高压给X射线管阳极,同样主控Ⅱ发出的脉冲信号经放大给X射线管灯丝,使X射线管产生X射线,并通过数显面板显示出相应的值KV/μA。此时被测物体放在X射线源与像增强器之间,像增强器的显示屏就显示出被透视物的清晰图像。

为使仪器稳定可靠地工作,系统采用脉冲宽调技术,使管电流、管电压保持恒定,X射线管以最佳状态工作。并有高压慢启动功能,使X射线管阳极无高压过冲现象。

主控制器采用微型贴片器件,并以20KHz频率工作,使整个系统效率大为提高,消除了噪声,为操作人员提供了安静的使用环境,同时也缩小了体积。透视仪电源采用高频高效率开关电源,并具有全面的保护措施。为确保透视仪的安全,整机加有多种保护装置,使其安全可靠。

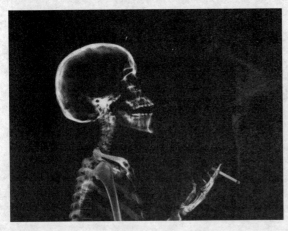

X射线的产生方法

原理解析:产生X射线的最简单方法是用加速后的电子撞击金属

靶。撞击过程中，电子突然减速，其损失的动能会以光子形式放出，形成X光光谱的连续部分，称之为制动辐射。通过加大加速电压，电子携带的能量增大，则有可能将金属原子的芯电子撞出。于是内层形成空穴，外层电子跃迁回内层填补空穴，同时放出波长在0.1纳米左右的光子。由于外层电子跃迁放出的能量是量子化的，所以放出的光子的波长也集中在某些部分，形成了X光谱中的特征线，此称为特性辐射。

实验生成：实验室中X射线由X射线管产生。X射线管是具有阴极和阳极的真空管，阴极用钨丝制成，通电后可发射热电子，阳极（就称靶极）用高熔点金属制成（一般用钨，用于晶体结构分析的X射线管还可用铁、铜、镍等材料）。用几万伏至几十万伏的高压加速电子，电子束轰击靶极，X射线从靶极发出。电子轰击靶极时会产生高温，故靶极必须用水冷却，有时还将靶极设计成转动式的。

此外，高强度的X射线亦可由同步加速器或自由电子激光产生。同步辐射光源，具有高强度、连续波长、光束准直、极小的光束截面积并具有时间脉波性与偏振性，因而成为科学研究最佳之X光光源。

探测器：X射线的探测可基于多种方法。最普通的一种方法叫作照相底板法，这种方法在医院里经常使用。将一片照相底片放置于人体后，X射线穿过人体内软组织（皮肤及器官）后会照射到底片，令这些部位于底片经显影后保留黑色；X射线无法穿过人体内的硬组织，如骨或其他被注射含钡或碘的物质，底片于显影后会显示成白色。

光激影像板因子位化容易，在少部分医院已以之取代传统底

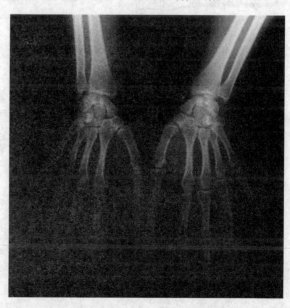

片。另一方法是利用X光照在特定材质上所产生的荧光，例如碘化钠（NaI）。科学研究上，除了使用X光CCD,也利用X光游离气体的特性,使用气体游离腔作为X光强度之侦测。这些方法只能显示出X射线的光子密度,但无法显示出X射线的光子能量。

X光光子的能量通常以晶体使X光衍射再依布拉格定律（Bragg's law）决定。目前普遍认为人眼是看不见X光的,而且几乎所有的X光的使用者都认为这是事实。然而严格地说,这实际上是不正确的。在特殊的情况下,肉眼实际上是可以看见X光的。

X射线的特征

频率值高:X射线的特征是波长非常短,频率很高,其波长约为(20～0.06)×10-8厘米之间。因此X射线必定是由于原子在能量相差悬殊的两个能级之间的跃迁而产生的。所以X射线光谱是原子中最靠内层的电子跃迁时发出来的,而光学光谱则是外层的电子跃迁时发射出来的。X射线在电场磁场中不偏转。这说明X射线是不带电的粒子流,因此能产生干涉、衍射现象。

辐射同步:X射线谱由连续谱和标识谱两部分组成,标识谱重叠在连续谱背景上,连续谱是由于高速电子受靶极阻挡而产生的轫致辐射,其短波极限 $\lambda 0$ 由加速电压V决定: $\lambda 0 = hc / (ev)$ h为普朗克常数,e为电子电量,c为真空中的光速。标识谱是由一系列线状谱组成,它们是因靶元素芯电子的跃迁而产生,每种元

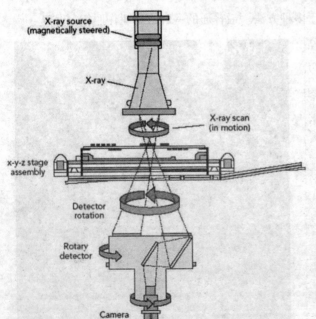

素各有一套特定的标识谱,反映了原子壳层结构。同步辐射源可产生高强度的连续谱X射线,现已成为重要的X射线源。

X射线具有很高的穿透本领,能透过许多对可见光不透明的物质,如墨纸、木料等。这种肉眼看不见的射线,可以使很多固体材料发生可见的荧光,使照相底片感光以及空气电离等,波长越短的X射线能量越大,叫作硬X射线,波长长的X射线能量较低,称为软X射线。当在真空中,高速运动的电子轰击金属靶时,靶就放出X射线,这就是X射线管的结构原理。

X射线的分类

辐射分类:如果被靶阻挡的电子的能量,不越过一定限度时,只发射连续光谱的辐射,这种辐射叫作韧致辐射。连续光谱的性质和靶材料无关。

一种不连续的,它只有几条特殊的线状光谱,这种发射线状光谱的辐射叫作特征辐射。特征光谱和靶材料有关。

波长分类:X射线波长略大于0.5mm的被称作软X射线。波长短于0.1纳米的叫作硬X射线。硬X射线与波长长的(低能量)伽马射线范围重叠,二者的区别在于辐射源,而不是波长。X射线光子产生于高能电子加速,伽马射线则来源于原子核衰变。

X射线的硬化:当X射线通过一定物质时,能量较低的X射线衰减系数较大,X射线平均能量增加,硬度增加,成为X射线硬化。

剂量标准:在研

究高温等离子体过程中,无论是在惯性约束聚变,磁约束聚变还是在天体物理领域,都需要确切地了解高温等离子体的各种参数,如电子温度、电子密度、X射线的能谱,时间谱和时空分布,因此要对探测器及接收记录系统做精确标定,那么就需要合理地选取相应的X射线剂量标准。一般说来,在10KeV~30KeV能区,要用自由空气电离室,在1KeV~10KeV能区,选用充Xe(或p-10)气体平行平板电离室,Ex<1KeV的亚千电伏能区可选用亚大气压流气正比计数器、长程稀有气体电离室(11.1eV~124eV),在0.1MeV~2MeV能区可选用硫酸亚铁剂量计和硫酸铈剂量计。若为X射线脉冲源,利用光电离光量计可测量1.24eV~12.4KeB的脉冲X射线束强度。

X射线的效应

穿透作用:X射线因其波长短,能量大,照在物质上时,仅一部分被物质所吸收,大部分经由原子间隙而透过,表现出很强的穿透能力。X射线穿透物质的能力与X射线光子的能量有关,X射线的波长越短,光子的能量越大,穿透力越强。X射线的穿透力也与物质密度有关,利用差别吸收这种性质可以把密度不同的物质区分开来。

电离作用:物质受X射线照射时,可使核外电子脱离原子轨道产生电离。

利用电离电荷的多少可测定X射线的照射量,根据这个原理制成了X射线测量仪器。在电离作用下,气体能够导电;某些物质可以发生化学反应;在有机体内可以诱发各种生物效应。

荧光作用:X射线波长很短不可见,但它照射到某些化合物如磷、铂氰化钡、硫化锌镉、钨酸钙等时,可使物质发生荧光(可见光或紫外线),荧光的强弱与X射线量成正比。这种作用是X射线应用于透视的基础。利用这种荧光作用可制成荧光屏,用作透视时观察X射线通过人体组织的影像,也可制成增感屏,用作摄影时增强胶片的感光量。

其他作用:热作用——物质所吸收的X射线能大部分被转变成热能,使物体温度升高;干涉、衍射、反射、折射作用——这些作用在X射线显微镜、波长测定和物质结构分析中都得到应用。

感光作用:X射线同可见光一样能使胶片感光。胶片感光的强弱与X射线量成正比,当X射线通过人体时,因人体各组织的密度不同,对X射线量的吸收不同,胶片上所获得的感光度不同,从而获得X射线的影像。

着色作用:X射线长期照射某些物质如铂氰化钡、铅玻璃、水晶等,可使其结晶体脱水而改变颜色。

生物效应:X射线照射到生物机体时,可使生物细胞受到抑制、破坏甚至坏死,致使机体发生不同程度的生理、病理和生化等方面的改变。不同的生物细胞,对X射线有不同的敏感度,可用于治疗人体的某些疾病,特别是肿瘤的治疗。在利用X射线的同时,人们发现了导致病人脱发、皮肤烧伤、工作人员出现视力障碍、患白血病等射线伤害的问题。为此,应注意其对正常机体的伤害,注意采取防护措施。

X射线的应用

伦琴发现X射线后,仅仅几个月时间,它就被应用于医学制作诊断影像。1896年2月,苏格兰医生约翰·麦金泰在格拉斯哥皇家医院设立了世界上第一个放射科。

放射医学是医学的一个专门

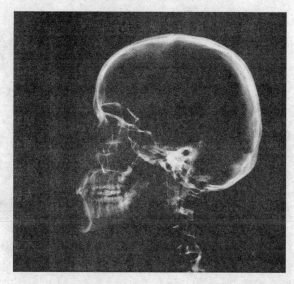

领域。它使用放射线照相术和其他技术产生诊断图像。这可能是X射线技术应用最广泛的地方。X射线的用途主要是探测骨骼的病变，但对于探测软组织的病变也相当有用。

常见的例子有胸腔X射线，用来诊断肺部疾病，如肺炎、肺癌或肺气肿；而腹腔X射线则用来检测肠道梗死，自由气体（由于内脏穿孔）及自由液体。某些情况下，使用X射线诊断还存在争议，例如结石（对X射线几乎没有阻挡效应）或肾结石（一般可见，但并不总是可见）。

借助计算机，人们可以把不同角度的X射线影像合成成三维图像，在医学上常用的电脑断层扫描（CT扫描）就是基于这一原理。

X射线诊断：X射线应用于医学诊断，主要依据X射线的穿透作用、差别吸收、感光作用和荧光作用。由于X射线穿过人体时，受到不同程度的吸收，如骨骼吸收的X射线量比肌肉吸收的量要多，那么通过人体后的X射线量就不一样，这样便携带了人体各部密度分布的信息，在荧光屏上或摄影胶片上引起的荧光作用或感光作用的强弱就有较大差别，因而在荧光屏上或摄影胶片上（经过显影、定影）将显示出不同密度的阴影。根据阴影浓淡的对比，结合临床表现、化验结果和病理诊断，即可判断人体某一部分是否正常。于是，X射线诊断技术便成了世界上最早应用的非创伤性的内脏检查技术。

X射线治疗：X射线应用于治疗，主要依据其生物效应。应用不同能量的X射线对人体病灶部分的细胞组织进行照射时，即可使被照

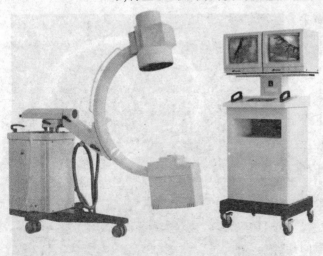

射的细胞组织受到破坏或抑制,从而达到对某些疾病,特别是肿瘤的治疗目的。

X射线防护:为防止X射线对人体的伤害,必须采取相应的防护措施。

以上构成了X射线应用于医学方面的三大环节——诊断、治疗和防护。

工业领域:X射线可激发荧光、使气体电离、使感光乳胶感光,故X射线可用电离计、闪烁计数器和感光乳胶片等检测。

研究领域:晶体的点阵结构对X射线可产生显著的衍射作用,X射线衍射法已成为研究晶体结构、形貌和各种缺陷的重要手段。

X射线对于孕妇的影响

目前,普通人在生活中所能接触到的电离辐射主要来自医疗辐射,这其中X线检查所释放的辐射,是非专业人员可能接触到的电离辐射的主要来源。孕妇需要重点防辐射,尤其是电离辐射,原因是电离辐射能量大,能使人体分子产生电离,可能对还未发育成形的胎儿的细胞造成伤害,引起死胎或畸形。

电离辐射对人体,尤其是对胎儿的伤害的实例,可以参考曾在二战中遭受原子弹袭击的日本广岛和长崎两地居民的状况。这两个地方在美国投下原子弹之后出现的胎儿畸形情况最为骇人听闻。该地区儿童患白血病的病例大增,就是辐射伤害健康的证明。当然,核爆炸的辐射危害远远高于医疗用的X射线辐射,不过两者对孕妇腹中胎儿的伤害原理类似。

如果被X线照射过多,就可能产生放射反应,甚至受到一定程度的放射损害。不过,用于医疗诊断的X线射照射剂量有严格控制,一般影响极小。但是,对准妈妈来说,如果在怀孕期间,尤其是怀孕早期受X光照射,万一超过胎儿的承受极限,则可能会导致种种风险。

一般情况下,针对胸部或四肢的X线照射对胎儿的影响相对较小。而过了怀孕的头三个月,即过了怀孕早期,愈接近预产期,X线的影响也越小。所以,孕妇不宜照X光。但也并不是说孕妇绝对不能照X光,如果确实需要,孕妇也可以在正规医院的医生指导下做相应检查;孕妇必须将怀孕情况详细告知医生,并完全遵照规范程序。

隆德大学小百科

　　瑞典德隆大学知名校友——杨佳羚,她是台湾作家,性别专家,曾任妇女新知基金会董事、性别平等教育协会秘书长,著有《台湾女生·瑞典生活》等书。杨佳羚曾是隆德大学社会所博士,现任教于高雄师范大学性别教育研究所。

第二章　北欧最大的高等学院

　　瑞典隆德大学是一所现代化、国际化、具有高度活力和历史悠久的大学，是世界百强大学之一。建于 1666 年。有 7 个学院以及各研究中心和专业学术机构，它是北欧最大的高等教育和科研机构，被誉为瑞典的"科学首都"。

第一课　北欧名校：瑞典隆德大学

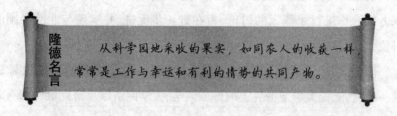

隆德名言

从科学园地采收的果实，如同农人的收获一样，常常是工作与幸运和有利的情势的共同产物。

　　隆德大学的国际合作非常广泛，是欧洲研究型大学联盟，诸如牛津、剑桥等大学参与的欧洲研究型大学联盟（League of European Research Universities）的成员，也是著名国际大学联盟中唯一的斯堪的纳维亚大学，隆德大学也是哥本哈根、马尔默和隆德厄尔松地区的12所大学组成的大学联盟·厄尔松大的成员。

　　2007年隆德大学被誉为伊拉兹马斯成功先例，是国际交流活动最为活跃的欧洲大学。每年来隆德学习的国际学

生有3000名左右,而且隆德大学的科研环境也非常国际化,不断地吸引世界各地的教授和学者来隆德参加科研合作。

隆德大学1997—2002担任"欧盟——中国高等教育合作项目"主席,积累了与中国各高教科研合作的宝贵经验并在欧盟以及中国合作对象和范围内树立了很高的威信。近年来隆德大学中国的高等教育和科研组织机构建立了广泛的合作。

2007年9月隆德大学组织了"北欧中国合作论坛",北欧科教组织和中科院的专家学者们就生命科学,信息科学,纳米科学,环境资源科学双方的合作进行了深入的讨论,旨在进一步促进、并实现与北欧各国的科技合作。

作为世界上10个国家的17所著名大学组成的大学网络U21在北欧的唯一成员,隆德大学与世界上的许多大学、大学网络以及研究机构都有着交流合作。隆德大学有良好的国际教学氛围,尤其是语言环境,英语普及率极高,现有14种国际硕士课程都用英文授课,而且教育质量很高,硕士

课程毕业后可授予瑞典的硕士学位。

目前，隆德大学有国际留学生1420人，并送出学生720人到国外留学。隆德大学还为国际学生开设了一些语言文化课程，希望国际学生在北欧学习一个学期能有机会了解到瑞典甚至北欧丰富的文化，加强国际理解教育。

与此同时，学校设立各种基金、奖学金支持学生到国外学习课程、做毕业论文、从事短期研究及出席国际学术会议，鼓励学生有出国学习的经历，扩大学习背景，并设有各种奖学金吸引国际留学生来校求学或访问。

此外，由于欧盟正在推行课程学分的转换制度(ECTS)，为欧盟成员国各高校的课程设置提供统一标准，这也使学生的跨国学习方便有效。隆德大学还设有一个面向外国政府的专门机构——"隆德教育"，其他国家政府可以通过该机构实现与隆德大学联合办学来提高本国的高等教育水平。

隆德大学的图书馆收集了自1698年以来瑞典出版的各类书籍

以及世界各国的优秀出版物共计750万册,学生可通过计算机网络查询到各专业和各科系共150个图书馆中的各类信息。同时,大学内部的计算机网络很早就与国际网络连通,大学的研究人员也可以从世界各地的大学图书馆取阅文献,这一点也走在了各国大学的前列。

北欧国家以发达的社会福利体系著称于世。社会稳定、经济繁荣、生活富裕、福利优越,是当今北欧的真实写照。北欧实行教育"举国体制"。

建有较完善的免费高等教育系统。从20世纪50年代起,北欧高等教育在政府的大力资助和规划下迅速发展,根据联合国的最新资料显示,北欧的高等教育普及率已经达到了45%以上,成为全世界教育最普及的地区之一。

该地区不仅有着像奥斯陆大学、哥本哈根大学这样的百年名校,也有像南丹麦大学、挪威科技大学这样的新兴大学。内有这样一个高等教育蓬勃发展的环境,外加欧洲高等教育共同空间的成立、《波洛尼亚宣言》的发表(《波洛尼亚宣言》是1999年6月19日由欧洲29国的教育部部长共同发表的一个联合声明,旨在协调不同欧洲国家的教育体系,推动欧洲高等教育区的形成)以及GATS的签署(GATS即《服务贸易总协定》,是WTO的重要组成部分。根据GATS,教育属于服务贸易的一部分),各国政府和高校越来越注重高等教育的国际化,成为国际教育交流项目的主要倡导者。良好的国际化学习环境,较高的签证通过率和低廉的生活费用,使得北欧迅速发展成为高等教育国际化舞台上的后起之秀。

据统计资料显示,2002年北欧各国政府资

助大约50000名北欧学生前往西欧、北美以及亚洲和大洋洲国家学习,同时也有近53000名国际学生来北欧学习。目前,北欧的高校已为国际学生开设了近50种英语授课的学位课程。

在北欧高等教育国际化发展进程中,老牌名校优势明显,新兴大学也不甘示弱,而且各具所长,尤其是在理工科专业,北欧新兴大学的国际化优势凸显。北欧国家高校非常注重国际交流和与国外高校的合作办学,采取的形式包括交换本科生和研究生、教学科研人员相互交流、制定课程统一标准、采用英语进行教学、互相承认学分等。

北欧国家或高校设立各种基金、奖学金支持本科生到国外学习课程及做毕业论文,支持研究生到国外从事短期研究或者出席国际学术会议。在乌普萨拉大学和哥本哈根大学,教师则实行学术休假制度。教师每隔四年可以申请半年学术假,到其他国家或地区进修或访问。

在挪威的奥斯陆学院,实行"国际学期"计划,要求每个学生都有到国外学习一到两个学期的经历,目的是扩大学生的学习背景,并适应在其他国家就业的需要。北欧各国作为欧盟成员国,除了在欧盟国家内互招学生外,与美洲、亚洲、非洲以及澳大利亚、新西兰等地的高校也建立了校际合作关系。

瑞典、丹麦、芬兰、挪威这些北欧国家吸引留学生的方式也是多种多样的。比如,在瑞典,外国留学生凡在瑞典学习一年以上者,就可享受公费医疗;在丹麦,外国留学生学习还可带家属;在芬兰,芬兰国内高校的学分

可转移;在挪威,地方学院颇具特色。更重要的是,在北欧,国家每三年都要对大学评估一次,确保高校的教学质量,这无疑也是其吸引国际留学生的魅力所在。

北欧高等教育成功的原因主要有:其一,"无国界"高等教育的出现。在全球化背景下,"无国界"高等教育主要表现在国内外各种教育空间、教育形式、教育机构的相互渗透和跨越。

如师生国际流动的增加、高等教育机构的拓展以及国际合作的多样化、远程教育的跨国发展等。"无国界"高等教育的发展和高等教育的商业化趋势对高等教育的挑战,有赖于各国高等教育国际化体系的适时更新。北欧国家政府及高校领导人清醒地认识到了这一点。

其二,作为高等教育发源地的欧洲,曾是各国留学生的首选地。但保守情绪和对变革的抵触,使欧洲的高等教育止步不前。进而失去了海外留学市场的霸主地位。近年来,随着经济全球化的发展,在教育领域,各国高等教育机构与人员的交流与合作日益频繁。

高等教育正在成为一种新兴的产业,加入国际教育大市场的角逐与竞争中。因此。欧洲国家的高等教育都强烈需要重塑形象,以高质量的教育服务,在国际化大市场中占有一席之地,北欧国家更不例外。

其三,欧洲一体化进程加快了欧洲各国高校之间的资格认证。从欧洲

高等教育共同空间的建立,到《波洛尼亚宣言》的发表,再有GATS的签署,大大加深了北欧国家对高等教育国际化进程重要性和紧迫性的认识,同时为国家间教育资源重

组优化、国家间高等学校学分互换、学生的跨国流动及专业与学位的跨国认证提供了前提。

此外,市场体系的自由竞争、优胜劣汰原则,强化了北欧高校通过高等教育国际化来提高教育质量、保证高校生存的意识。再加上北欧得天独厚的经济条件和政府对高等教育的极大支持,外在压力和内在动力共同促进了北欧高等教育国际化的蓬勃发展。

面对高等教育的国际化发展,挪威学者的观点是支持高等教育国际化,支持跨国合作,甚至教育上的贸易,海外学习、合作研究、机构联合及国际化的其他方面都是受欢迎的,但他们反对把高等教育看成是国际市场分割下的交易商品。

他们认为,只要国际教育贸易存在并发展,就需要规范管理。缺乏保护的跨国教育服务的淘金热会严重危害顾客(学生)的利益,并削弱多数发展中国家的教育管理。同时,向国外输出教育和从国外引进教育是解决单靠政府不能满足高等教育需求问题的最有效途径。

因此,制止国际化或教育服务贸易的举动是不可能也是不明智的。当前最大的挑战在于如何充分发挥和利用教育服务贸易的益处。北欧学者认为,高等教育国际化是人们对全球化作出的必然应答,同时,他们认为GATS背景下的教育市场是有限制有约束的。

挪威许多评论家倾向于把联合国教科文组织(UNESCO)和经济合作与发展组织(OECD)这两个国际组织

纳入到全球高等教育市场的规范管理体系当中，以期发挥监督和管理职能。还有的学者提出高等教育国际化应考虑教育的本质属性问题。

正如挪威学者简·尼森（JanOIof Nilsson）和科尔·尼森（Kiell Nilsson）所说："高等教育国际化必须与质量的提高和学术自由的保障紧密联系在一起。高等教育国际化与其说是各国之间的竞争，不如说是学术的国际合作。"对于面临WTO和GATS挑战的中国高等教育，北欧是很好的典范之一。我国高校也要加大与各国高校的合作力度，互派师生，互认学分，开发"国际学期"课程计划，开设更多的英语教学课程，积极推进高等教育的国际化进程。

隆德大学小百科

　　2012年3月12日上午，瑞典隆德大学经济管理学院副院长艾伦·莫尔教授，隆德经济研究所主任托马斯·凯琳教授来访浙江大学管理学院。管理学院常务副院长吴晓波教授、副院长陈凌教授和张钢教授在学院四楼会议室进行了热情接待。参加会议的还有企业管理系副主任邬爱其老师，教务管理办公室主任李贤红老师，对外交流与合作办公室主任朱纪平老师等。

　　会议主要分5个议题展开，首先是硕士联合培养项目的合作探讨。艾伦·莫尔教授虚心地向张钢教授请教了硕士联合培养项目的开展经验，尤其是管院已顺利开展了三期的全球创业项目，受到了艾伦·莫尔教授的高度赞扬。经过商讨，双方均表示了希望在风险投资、会计、创新创业等领域开展联合培养的愿望。

第二课　隆德大学的留学生们

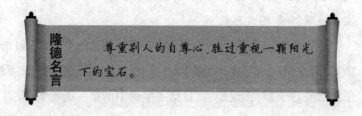

隆德名言

　　尊重别人的自尊心，胜过重视一颗阳光下的宝石。

留学隆德之初　文/拍拍

　　直至今日，仍有不少人问我："你为什么选择来隆德留学？"这问题似乎简单，每次我都会因为给不出一个简单而准确的答案而窘迫。我也曾一次次悄悄地问自己同样的问题，答案总是那么玄虚而缥缈，好像是受到了一种难以抗拒的召唤。

　　到隆德来不是我的初衷，也曾使许多人难以理解。来之前曾有位到隆德不到两周就打道回府的同乡向我描绘了一幅隆德的"地狱图"：从早到晚暗无天日，一年到头也没多少阳光，市场上难见绿色蔬菜，实验室里拥挤不堪，人们说着一种只有他们自己才能听懂的怪语言，用一种怪怪的眼光瞧着外国人。

　　中国人在那里的生活跟旧社会差不多：家里没有电话，家具、电器是垃圾桶里捡来的，餐具、衣服只有跳蚤市场上的才买得起，夫人们找不到工作，小孩进不了幼儿园，每天三餐吃的是降价的食物……听完了这一

切，我只是低声嘟哝了一句："反正我要去的。"

我国内的导师也觉得我吃错药了："你不是马上要到美国去了吗？怎么又变成瑞典？"当他知道我主意已定后，仍像慈父似的嘱咐再三："到那里后，还是要与美国那边保持联系，万一……"我认认真真地点着头，心里隐隐有点内疚。于是，当我动身到隆德来的时候，怀里还揣着美国一位教授的邀请信。

踏上这片土地之初，我贪婪地呼吸着格外新鲜的空气，沉浸在一种新奇美妙的心境里，怎么也看不到想象中那幅凄凉的画面（事实上也真不是那么可怕）。

也许命中注定我会爱上这个地方吧！到达的第一天，阳光带着微笑，天空清澈而温暖，大地渐入一种深意，我只感到这里冬天的日子多么安详宁静。很快地，我目睹了生命中的第一场雪景。我好奇地久久望着天空，心中浮起的无数个冬日的想法，飘零在那小径上的瑞雪……啊，一切都充满期待。

满怀着期待，我开始一点一滴地品尝异乡的滋味。那是怎样一种滋味啊？甜甜酸酸涩涩，却很难感觉到苦。只有今日坐在孤灯下细细咀嚼，才能真正品出那混杂在甘甜中的苦味。当时，学业的艰难、生活的清贫、想家的愁闷也曾使我在异乡的天空下迷茫过，但生活中并不缺少温情、友爱和关怀。

尽管很难一下融进瑞典社会，我和我的同胞们却活出了属于自己的天空。平时串门神侃，周末打牌娱乐，还结伴逛街、郊游、打各种各样的

球。那大集体般的氛围使我忘却了游子的苦闷,无论怎样失意都能心情平和地欣赏身边的风景。还因牢记着亲友的重托和心怀的希冀,留学的生活似乎永远是一种热望和憧憬。

很少对人提及"刚来的时候",也许是怕有摆老资格之嫌吧。但对我来说,那些时候与其说是一串串陈旧的日子,不如说是一种越积越厚的感觉。每每回首那一段步履艰难的跋涉,便如打开一瓶久藏的好酒,一股醇郁的幽香弥漫。

留学之初,学业上的挫折使我那明亮的天空罩上了乌云。出于惰性惯性,我一来就选择了与以前国内的研究方向接近的课题,而导师对此根本不感兴趣,因此迟迟得不到他的资助。为了缓解经济上的窘迫,只好在假日、假期里为另一个系洗猴子笼。那可是又脏又累的活。整个人置身于猴粪臭气熏天的猴笼里,手持水龙头不停地冲洗。

十几间猴笼洗下来,浑身上下全湿透了,时间也过去了一天。倒也挺喜欢这项纯体力的、没有半点精神压力的工作。

尤其当干完了活,一间间地巡视着已变得清洁的笼子,听着猴子们惬意、满足的叫声,我总能为自己那神奇的劳动成果而感动,顿时忘掉了疲惫和心酸。还干过另一种少见的活,就是从烤熟的猪头上把所有的猪牙拔下来,清洗干净,再磨成粉做元素分析。

同事偶尔经过,看我满头大汗、费力地拔着猪牙时,总是轻轻地摇摇头说:"可怜的女孩,这哪是女孩子干的活?"我倒没觉得自己不该干这种活,有时拔得顺利了还会高兴地哼哼小调,只是有几次哼着哼着,眼泪突然不听话地涌了出来,哽住了喉咙。

有很长一段时间,回家一闻到猪肉的味道就反胃,可还是屏

住呼吸往下咽。乐观地对待这些体力锻炼，也真算不了什么，使人难受的是内心的空落、无着。只觉得像在无底无边的水面上漂啊漂，不知何时才能踏上岸边、安定下来；总担心这么碌碌无为下去，所有的瞩望会落空。有时忍不住问自己，是不是真的吃错药了？

也许劳动真的使人变得聪明吧，终于有一天灵感降临，重新选择了一个使导师高度重视的研究课题，以新的方法和结果补充他的理论体系。

这是我留学生涯中的一大转机。从此，导师不仅赏识我的工作，也为我免去经济上的后顾之忧。我那颗高悬着的心这才慢慢地放了下来。

学业上的起步如此不易，使人懂得了倍加珍惜。在那以后的日子里，我知道了，不管在什么情况下都不能放弃自己，即使困难重重也得硬着头皮把学业完成。

既然已经开拓了一方梦土，还能荒芜了自身？辛勤劳作了漫长的几年，直到今日我才看到了一线曙光，而积在心头的感觉，已是那般沉甸、厚实……

此刻，仍像我刚到隆德时一样，窗外正飘着雪花。虽然天空阴沉沉的，大地静悄悄的，我觉得自己的心是热乎乎的。我已经渐渐地爱上了这个迷人的小城。

在这里度过的那些有忧和无虑的日子，如今已成了一种会心的怀恋。也可能，我这么一路困顿、风雨兼程，最终得到的只是一片失落和空白。

但是，我不是已经从追寻的过程中得到了许多吗？还有，生存、热爱、发展和知足的意愿，忍耐一切的决心，含辛茹苦的毅力。总算没有白走这一趟。

小时候读《西游记》，当看到唐僧师徒历尽千难万险取回的却是一堆无用、不完整、甚至空白的经书时，曾忍不住垂泪叹息："唉，何苦呢？"如今却学会了对结局的缺憾报以坦然。现世本来就没有完美。

只要体验了,无论是喜是悲,不妨都看作人生的美丽;只要经历了,哪怕是风风雨雨,也是对生命的充实。我以感激的心情久久望着天空,又有许多冬日的想法随着雪花飘落。啊,一切仍充满期待……

我与瑞典隆德大学

上学期(2011年秋季学期),我在瑞典隆德大学度过了半年的交换生涯,收获颇丰。隆德大学建于1666年,位于瑞典南部的隆德市,离丹麦首都哥本哈根仅40分钟车程。

作为隆德大学双学位项目,课程相对来说还是比较紧凑的。我在隆德修读了两门课,分别是《全球化,社会冲突与政治演变》和《社会科学研究方法》。瑞典的学分是以15和7.5分来计算的,与国内大学不同的是,瑞典的每门课程并非每周一次课,而是每周有三到四天都上同一门课。

这样一来,对阅读的要求就很高。今天做演讲,明天读文献,基本上处于连轴转的模式中。这样安排的好处也很明显,即一段时期之内关注一个领域的问题,心思不太容易涣散。

在隆德的学习过程中,体会最深的是师生以及学生之间的讨论、互动。同国内硕士课程一样,课堂以学生讨论为主。老师点评和指点为辅。下课之后大家都聚集在一起讨论问题,图书馆圆形的桌子很多,适合大家讨论。

隆德共有27个图书馆(各个院系都有自己学科专门的图书馆),市中心还有市立图书馆。我所在的社会科学学院在一个安静优美的小花园

中,路名也颇有意蕴,Paradisgarten,也就是天堂的意思,政治学系的楼名叫Eden,意指伊甸园。

另一个体会是,老师对综述能力的特别强调。课程论文与其说是要考查学生对某个专门问题的见解,还不如说是对学生是否阅读文献并且是否理解和把握文献的检验。这是与国内论文的取向并不太一样的地方,或许扎实一点的根基对做研究有事半功倍的效果。

此外,生活方式上的冲击也很大。瑞典学生爱玩,但并不意味着他们学习不努力。中国留学生常以美食的名义聚在一起,而瑞典学生钟爱聚会,爱凌晨两三点疯过之后洗个热水澡,然后埋头看书写作业。此外,学习是生活的一部分,是停下来思考的过程。

大部分硕士同学都有工作经历,甚至为人父母,通常是本科甚至高中毕业之后就工作一两年,然后回归学校充电。这种生活状态就显得比较随性,自在安然,随心而适。

隆德是个人口10万的小城市,与其说是城市还不如说是小镇,规模也就复旦本部加上周边五角场镇那么大。但是整个城市给人的感觉非常安宁惬意,石板路,周末隆德大教堂的礼拜,机动车无一例外避让行人和非机动车,师生穿行在校园和市中心……我想,只有不那么浮躁的氛围才能造就学术的发展吧。

除了日常上课之外,还抽了三个星期在外游玩,意大利(威尼斯、佛罗伦萨、罗马)、巴黎、波罗的海三国(立陶宛、拉脱维亚、爱沙尼亚)。在外游历的感受五味杂陈,最重要的就是融化在人类文明的绚烂里,感受异域

风情。

　　此番交换，让我感受到了生活的多种可能性，也交到了为数不多但非常珍贵的新朋友。我们懂得独立生活的艰辛与乐趣，也学会了去体验各种陌生的事物，去开拓生命的未知。最记忆犹新的是我回国之前在隆德的协调人老师卡特瑞娜（Katerinna）（负责交换生事务的行政老师）对我说的几句话，她说，年轻的时候要多在外游荡些日子，要不然你不会发现真正的自己。当你找到你的兴趣点，就跟随自己的内心去追寻吧。兴趣是第一步。最后，她还半开玩笑地加了句，这尤其是对你们中国学生说的。

　　是啊，抛开那些不必要的纷繁复杂，优胜劣汰，身体或者心总有一个要在路上。

隆德大学小百科

　　瑞典隆德大学知名校友——埃格·埃兰德，1901—1985年，瑞典政治家，曾担任瑞典社会民主工作领导人和瑞典首相。埃格·埃兰德出生于韦姆兰省，1945年，担任教育部长。1946年至1969年担任瑞典首相，为瑞典任期最长的首相。

第三课　隆德大学访谈录

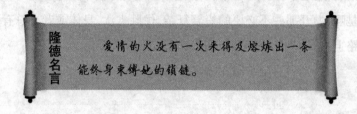

隆德名言

　　爱情的火没有一次来得及熔炼出一条能终身束缚她的锁链。

　　在瑞典对非欧盟学生收取学费的第一年，历史悠久的隆德大学似乎并没有受到新政策的太大影响，继续稳坐最受国际申请者欢迎硕士项目瑞典大学的宝座。

　　在申请2011学年秋季入学的人中，超过20%的国际申请者将隆德作为自己硕士学习的第一选择。而2010年，这个比重是16%。

　　那么，这所瑞典名校今年收到的中国学生的申请情况如何？它的本科与研究生项目对中国学生有哪些吸引力？与其他瑞典院校相比，它们又有哪些优势呢？

　　为此，"瑞典官方网站"专门采访了隆德大学协调国际招生事务的Johan Gunnarsson（约翰·冈纳森）先生，请他向我们介绍瑞典的学费改革对隆德大学的影响以及学校为中国学生提供的学习、研究、奖学金和实习机会。

学费改革后中国学生的申请情况

　　2011年是瑞典学费改革的第一年。在瑞典大学普遍遭遇预期中的国际申请数量下降的时候，隆德大学却依然收到344个交了申请费的中国学生的硕士项目申请，占该校收到的同类型国际学生申请总数的16.4%。

对此，冈纳森先生（Gunnarsson）表示："我们非常高兴。今年，我们确实收到了大量中国学生的申请。"而且，"实际上，还可能有更多的中国学生申请了（隆德）并缴纳了申请费。但是，我们的数字只显示申请者本科就读的国家。"而在中国申请者中，最热门的专业是经济/管理类和工科。

学费政策：隆德大学大多数硕士项目的学费是一年10500~15000欧元。一般而言，工科的学费比文科稍高。与其他瑞典大学一样，隆德对于博士生不收取学费。至于本科学习，学校目前有一个全英语授课的发展学项目，学费是一年9500欧元。奖学金：隆德大学专门为来自非欧盟国家的优秀学生提供隆德大学全球奖学金。申请本科或硕士项目的中国学生可以在网上申请这个奖学金。奖学金将免去获奖者的部分或全部学费，但并不提供生活费。最终获奖名单由各院系决定。

隆德大学为博士生每月提供薪水，就像对待固定雇员一样。博士职位空缺的信息定期发布在此网页上。

实习机会：虽然隆德大学有80多个硕士项目，每个项目的实习机会不同，但许多两年制项目的学生都在最后一个学期一边实习，一边完成学位论文。像索尼·爱立

信这样的公司会定期向论文撰写阶段的硕士生开放实习职位。

隆德大学与中国

尽管许多优秀的中国学生听说过隆德大学，可大多数中国人对这所瑞典名校还很不熟悉。Gunnarsson（冈纳森）先生表示："我们要花时间和资金提升隆德在中国的知名度。"学校将积极参加中国的教育会展，与当地的留学咨询公司和代理合作，并自己组织校友活动、校园推介会等一系列活动。

中国学生的首选项目："我们有80多个不同的硕士项目，我很想向中国学生推荐所有这些项目。"Gunnarsson（冈纳森）先生说。但是，事实上，大多数中国申请者最感兴趣的还是经济/管理类课程（比如，金融和国际营销）和工科课程（尤其是无线通信）。"我还想向大家推荐环境/可持续发展类的项目。因为这是隆德的强项，同时，中国国内对这个专业也有巨大的需求。"

与中国的合作：这里简要地举几个例子来说明目前隆德大学与中国在各个层次上的广泛合作。隆德大学每年都接待三百多名来自中国的研究人员、客座研究人员和博士研究生，并且每年接受15名左右来自中国的交换学生。

从单纯的科学研究合作到学生交换，几所中国著名大学都与隆德大学签有合作总体协议，这意味着各种交流和合作可以在这些协议的框架内进行。

同样，隆德大学的各个学院和系科也都

分别以各种形式与中国进行合作交流。一般来说,这些合作交流是
与中国大学的相关系科或单位进行的,但有时在某些特定的领域也
会以更广泛的形式来进行,如拉奥尔·瓦仑堡研究所(Raoul
Wallenberg Institute)进行的国际法和人权方面的研究以及国际工业
环境经济研究所进行的环境保护研究项目。

在隆德大学与中国的长期合作中还出现了更深入的合作形式,
如在复旦大学建立的北欧研究中心,在香港建立的林思齐东西学术
交流所(LEWI)等,隆德大学在这些合作项目中起到了重要作用。

另外,在东南亚市场方面,隆德大学在委托培养办学和远程教
育方面也做出了许多努力。其中,部分远程教育的内容通过专门开
发的教育平台LUVIT来进行,该平台已经翻译成中文。

合作项目举要:这里简要地举几个例子来说明目前隆德大学与
中国在各个层次上的广泛合作。复旦大学的北欧研究中心成立于
1995年,是由17所北欧大学与中国最著名的大学之一上海复旦大学
建成的合作项目。

这是中国唯一的北欧研究学术机构。中心的工作主要集中在三
个方面:为启动和发展北欧教学与研究提供平台;吸引中国学生研

究北欧国家；为在上海的北欧公司组织活动和研讨会等。自1998年以来，北欧研究中心的主席席位和秘书处都设立在隆德大学。同时，隆德大学还是为中国学生提供北欧研究课程的主要组织者。

隆德大学国际工业环境经济研究所正在进行两个面向中国的主要项目。第一个是1999年，国际工业环境经济研究所(IIIEE)与中国的复旦大学、山东大学、南开大学之间建立了一个网络，旨在共同开发环境教育合作项目(EECP)。

在2004—2005教学年度，IIIEE还聘请了一位山东大学的教授。IIIEE的教学人员还将在山东大学讲授硕士研究生课程。

第二个是在中国进行的"环境小硕士项目"(Young Masters Programme。该项目与中国国家环境保护总局(SEPA)和中国绿色学校计划有着密切的合作。

此项目是一个以互联网为载体的环境课程，也是国际工业环境经济学研究所的一项面向青年的全球性工程。其中的一些课程是在中国与环境保护教育交流中心共同组织的。

国际绿色学校研讨会于2004年8月在台州开设，学生来自27个合作国家。这对17000所中国绿色学校及中国国家环境保护总局(SEPA)同国际绿色学校和生态学校合作交流网络的建立，起了重要的作用。

中国"环境小硕士项目"的贡献将对此项目的发展起重要的促进作用。

2008年，在举办奥运会的同时，全球环境青年大会在北京召开。此外，2002以来，IIIEE还与瑞

典环境研究所 (Swedish Environmental Institute (IVL)) 和天津环境科学院 (Tianjin Academy of Environmental Sciences (TAES))建立了合作关系。

作为瑞典国际发展署(SIDA)基金会清洁器产品项目的一个外部智囊,IIIEE联合IVL和TAES将选出的优秀清洁器产品样本及详细产品目录展示在网站上,为进一步改善生态效率以及环境规划创造了更多的选择。

IIIEE还对天津地区的政府、工业和高等学校的代表讲授了关于清洁器产品,生态布局及绿色消费的课程。

隆德大学与中国许多著名大学有合作协议,合作院校包括:北京大学、清华大学、南京大学、复旦大学、浙江大学、中山大学、北京外国语大学和中国人民大学。这些合作协议使隆德大学与这些大学的学生和学者的交流(主要是科学技术方向的交流)得到了保证。

如同隆德大学一样,北京大学和复旦大学也是国际大学网络的成员。中国社会科学院 (CASS)和隆德大学同样有交换学者的协议。

另外,隆德大学还与香港的大学有合作协定。香港大学、香港中文大学和香港浸会大学都与隆德大学有学生交流方面的合作。设在香港的林思齐东西学术交流所(LEWI)也是这样的大学合作机构,隆德大学的研究人员也能够利用这里的研究设施。

目前,隆德大学正在计划与位于天津的中国民航学院建立伙伴关系,二者将就航空以及机场活动方面的研究、发展和教育展开合作。下面是一些在学院和科系方

面合作的例子。

经济管理：经Equis认定的隆德大学经济管理学院与不同国家的17所大学在香港浸会大学建立了IIBD网络。IIBD的宗旨是通过成员大学间的合作与风险共担来推动所在国的国际商业活动的增长和发展，促进所在国的国际商务教育。

2003年，作为亚洲四个经Equis认证的教育机构之一，香港理工大学与隆德大学经济管理学院签订了学生交换协议。

作为创立一流的面向东亚和东南亚研究中心战略的一部分，为进一步加强关于中国发展经济以及经济改革方向的研究，2005年3月起，隆德大学经济管理学院增设了一个商业及中国研究方向的教授职位。

隆德大学小百科

　　瑞典隆德大学知名校友——汉斯·艾尔佛森，瑞典作家，媒体从业者，电影导演，前"斯堪森博物馆"的领导人。他于1956年从隆德大学艺术学院毕业，1968年9月，汉斯·艾尔佛森主演了由"英格玛·伯格曼"执导的影片《羞耻》，此部影片讲述的是杨和伊娃这对从事音乐的夫妻因为逃避大陆的内战而隐居于一小岛，过着种植水果维生的日子。

第四课　隆德大学名人榜——科菲·安南

安南的早年时期

前联合国秘书长科菲·安南,于2006年12月31日午夜,为自己人生最辉煌的一段时光画上了句号。十年秘书长生涯,他曾奋力将巨石推上山巅,也一度在重压之下抑郁失语。安南说:人可以离开联合国,但无法让联合国脱离我心。回望安南十年路,功过任人评说。

安南在1997年1月1日年至2006年12月31日两个任期内,以他的睿智和不懈努力,巩固了联合国在国际事务中的地位,促进了多边主义的进一步发展。他倡导集体安全、全球团结、人权法治,维护联合国的价值观念和道德权威。他是2001年诺贝尔和平奖获得者。

【大学名人】

　　科菲·阿塔·安南(1938年4月8日—),加纳库马西人,联合国第七任秘书长。他是一对双胞胎之一,孪生的姐姐在1991年去世。安南1972年毕业于麻省理工学院,通晓英语、法语及非洲多种语言。1999年联合国秘书长科菲·安南获荣誉法学博士。2001年,他被授予诺贝尔和平奖。2012年8月2日,安南决定辞任叙利亚危机联合特使,并指出安理会缺乏团结。

　　2012年2月23日,安南被任命为叙利亚危机联合国与阿拉伯国家联盟(阿盟)联合特使。他提出六点建议,包括立即停止在平民区使用重型武器并撤出部队、叙政府与反对派在联合国监督下停止一切形式的武装暴力行为、实现每天两小时的人道主义停火、加快释放被任意羁押者、确保记者在叙全境的行动自由、尊重法律保障的结社自由与和平示威权利等。

　　2012年8月2日,安南宣布在今年8月底特使任期结束后,他将不再续任联合国—阿盟叙利亚危机联合特使一职。科菲·安南1938年4月8日出生于加纳库马西市。早年就读于加纳库马西理工科菲·安南大学,曾到美国和瑞士留学,先后获美国明尼苏达州麦卡莱斯特学院经济学学士学位和麻省理工学院管理学硕士学位。

　　安南1962年进入联合国工作,先后在联合国非洲经济委员会、联合国总部、联合国日内瓦办事处、联合国难民署和世界卫生组织等部门工作。1974年中东“十月战争”后,他担任驻开罗的联合国紧急部队民事长官。20世纪80年代初,安南调回联合国总部,先后担任人事和财政部门的领导工作。1986年升任联合国助理秘书长,负责人事厅的工作。

　　1990年海湾战争爆发后,安南负责同伊拉克谈判释放联合国及其他国际组织工作人员的人质问题。此后,他率联合国小组同伊拉克进行了“石油换食品”的谈判。安南1993年3月出任联合国负责维持和平事务的副秘书长,主管联合国在世界各地的维和行动。曾作为负责前南斯拉夫地区的联合国秘书长特使和赴北约特使,协调有关国家的关系。

1996年12月17日，第51届联大任命安南为联合国第七任秘书长。1997年1月1日，他正式就职，任期5年。2001年6月，联大通过安理会提名安南连任秘书长，任期至2006年12月31日。安南担任秘书长期间，曾于1998年赴巴格达进行斡旋，化解伊拉克武器核查危机。2001年10月，安南与联合国同获当年诺贝尔和平奖。2005年3月，由美联储前主席沃尔克领导的独立调查委员会发表报告指出，安南在伊拉克"石油换食品"计划实施过程中没有任何腐败行为。

安南曾于1997年5月、1998年3月、1999年11月、2001年1月和2004年10月五次访华。2006年5月安南在离任前最后一次访问中国。

安南的童年。科菲·安南出生时是双胞胎。那是在1938年4月8日，先是他的孪生姐姐埃芙降生，然后是他出世。科菲出生在黄金海岸腹地的省城库马西的一个名门望族家庭。

安南家族富有，属于贵族阶层，因此享有特别的名望，在阿散蒂地区影响很大。安南的父亲虽然是阿肯人，但严格地说，一半是阿散蒂人，一半是芳蒂人，他来自位于腹地的阿散蒂地区。

他的母亲和他的继母一样，都属于芳蒂部落，她们生活在沿海地区。这两个部落讲同一种语言的方言，同样被称为阿肯语，而方言的区别更多的在于口音而不是词汇。属于阿肯语变种的包括芳蒂语、特威语、阿克瓦皮姆语、阿基姆语和布朗语。科菲和他的兄弟姐妹们学会了好几种非洲方言，但基本上是在芳蒂语的环境下长大的。

16岁那年，在多次转学之后，和所有的兄弟姊妹一样，他终于来到了位于海岸角的一所寄宿学校，离他的故乡库马西大约有200

公里。"曼特西皮姆"是这个国家最好也是最古老的学校之一。加纳独立那年，安南从曼特西皮姆中学毕业，回到了自己的故乡库马西市，在本地的大学攻读国民经济学专业两年。

安南家族拥有一套多层住宅，房间众多，每个孩子都拥有足够的空间。科菲可以在一个物质无忧的环境下开始自己的学业。库马西的条件要比加纳其他省会城市好得多，而且安南一家的条件也要比国内许多家庭好得多。

那时，科菲·安南深深地扎根在非洲人的价值体系中。他计划过一种在某些方面和父亲相似的生活：45岁之前，他想做个商人，然后在加纳从政15年，到了60岁，作为可可种植主安度晚年。

两年不到，他就去了另外一个国家，去了另外一个大洲，那里有着完全不同的氛围。尽管他在一开始还打算着若干年之后回到自己的祖国去，但这注定是一次长久的告别。从那时到现在，40多年过去了，只是在20世纪70年代，他才在加纳有过一次短暂的停留。但在他的心里，科菲·安南始终是一个非洲人，并对自己的家乡始终充满深情。

国外求学。安南在库马西科技大学攻读了四个学期的国民经济学。这所大学也是基督教徒科菲·安南建立起来的，不过后来为了表示对独立运动先驱的敬意，这所大学更名为"克瓦米·恩克鲁玛科技大学"。学校将其学术重点明显地放在工程技术科学和农业科学上。

这并不完全符合安南的爱好，或许这也是他选择两年后离开该校的原因。学校位于本国最丰富的一个金矿附近，距离金矿仅仅60公

里路程,这也就很容易理解学校设置专业方向的理由所在了。他当选为该校的大学生代表,不久荣升为加纳全国大学生组织的副主席。

1958年,他以此身份参加了在塞拉利昂举行的西非大学生领导人国际会议。就在那儿,著名的美国福特基金会的一名代表"发现"了这位聪明的年轻人,并和他进行了接触。那名代表让他申请美国的奖学金,福特基金会将为信守诺言、奋发努力的非洲学生领导人提供赴国外留学的机会。该项目的名称为"外国学生领导人项目"。

这个"总是急于长大成人"的安南,递交了一份申请,非常顺利地获得了麦卡莱斯特学院提供的全额奖学金。对他来说,这是一所他完全陌生的学校,位于美国明尼苏达州首府圣保罗市。

在回忆这段经历时,他认为,不管怎样,要离开加纳,从热带到寒冷的明尼苏达州,这对他来说是跨出了一大步。也完全可以说,这是一次文化冲击:因为该州位于美国中北部,与加拿大相邻。

那个地区几乎渺无人烟,是一个古老的美国联邦州,整个地区现在大约有500万居民,当时人口还要少。而且,或许在安南的眼里最为至关重要的是,那里90%以上的居民为白人。

这对60年代初一个21岁的黑人确实是一件要命的事儿:在美国北部一个"白种人"的州里,种族冲突已经开始爆发。尽管有着特权的家庭背景,变化如此之大如此之深,还是安南所始料未及的。

非洲之外的第一次旅行,成为安南一生中的重大转折。数十年之后,他还能感觉到这一点。1959年夏季,在最终去麦卡莱斯特学院注册之前,他还在哈佛大学度过了几个星期,这很可能使他初来乍到的美国生活变得轻松一些,使他不

必直接感受从炎热的非洲到美国北部的巨大气候差异。

美国的某些东西让他觉得如此陌生，但其他一些东西他早已熟悉不过了：国民抵抗活动、静坐罢工、示威游行和封锁的时代给安南留下的印象，就像是他参与的争取加纳政治独立斗争的继续。"文化不同，方式不同，但目标是一样的。所以说，你同样也可以参与进去。"他后来回忆道。他怀着极大的兴趣密切关注着那些政治大事，为此他本人也有过一两次糟糕的经历。

有一次，他和几个朋友散步，由于肤色的缘故他们遭到一群喝醉酒的年轻人的辱骂。另外一次，他和一个白人姑娘走过市区，他遭到一次暴力攻击，最后总算幸运逃脱了。尽管发生这样那样的事，但安南并没有退回到自由的麦卡莱斯特校园的安全地带里整天闭门不出。

在第一个学年过后，1960年夏天，他和一名教师代表和几个朋友到美国内地旅行了几周时间。来自四大洲五个不同国家的年轻人挤在一辆旅行车里，他们将这辆车命名为"友谊的使者"。他们的目的就是，尽可能多看看这个国家和这里的人民。他们在美国人的家里过夜，住穷人家，也住富人家，住农村，也住城市。

有一次，为了了解当地囚犯的生活状况，他们甚至还想睡在一座监狱里。可是他们并没有如愿以偿，但他们成功地在当地的一个救世军中心里过夜了。在旅行的途中，这一引人注目的团队一再被迫面对种族主义的冲突，但并没有给所有的参与人员留下任何奇怪的印象。即便这样，他们最终还是保持了自己原有的本色：这些来自富裕家庭的大学生们，仍然带着一份自信，踏上了回去的旅程。

和在库马西的时候一样，安南仍然攻读国民经济学。而且还像以前一样，他喜欢政治辩论,而且不仅在大学生的社团中。在美国的大学里,上述的大辩论属于提倡的大学争论文化。它们有纪律地并且按照明确的规则进行,但有可能会就某件事一决雌雄,争个你死我活。

为了让人们的思想变得敏锐,参与人员常常必须为自己实际上所坚信的某事物的对立面进行辩护。安南经常和朋友们一起参加演讲比赛。如果让他自己自由选择题目的时候,他就会将演讲报告锁定在贫富问题、一个紧密相连的世界的机遇或者战后时代美国的作用等上面。有一次,他甚至还赢得了本州范围内的一次演讲比赛。这一次他所论述的又是美国对发展中国家和对脱离殖民统治的年轻国家的责任问题。

他当时的一位教师带着兴奋的心情回忆起安南那"绝妙的"、和牛津英语相似的加纳口音。无疑地,他当时也有着深沉的、科菲·安南细腻的声音,他给每一个对话伙伴留下深刻印象,尽管他的语言出奇的简单,而且几乎不用任何技巧。

在"世界俱乐部"里,他不久就担任了俱乐部的主席。大学生们同样在为国与国之间、首先是美国与其他国家之间的相互了解尽心尽力。也就是说,在20岁出头的时候,安南找到了"他"的主题。从此那些主题再也没有离开过他,那就是公正、贫富均衡、民族谅解。最迟从那时起,他开始坚定而经常地练习说话的艺术。这样一种训练对他后来担任联合国秘书长是有一定好处的。

正如在寄宿学校一样,安南经常进行体育活动,并以其杰出的成绩将 个难以磨灭的印象留给了麦卡莱斯特学院。与德国的大学相反,体育运动在美国

的大学里有着巨大的传统意义。那些足球队或者篮球队的明星们,也会很快成为社会生活中最受欢迎的人。

安南本来是一名田径运动员。一开始他尝试去踢美式足球。"这还可以,只要我跑在其他人前面,不让别人追上我就行。"安南后来在谈起他的那些与此有关的尝试时说道。但作为一个体重只有60公斤的男子,从事这项体育运动他还不够强壮。

于是他开始转向欧洲足球,这给他带来了更多的成功和更大的乐趣。但他取得的最好成绩是赛跑项目。作为60码短跑运动员,他创造了大学记录,并保持这一项目的记录长达10余年。

1962年初夏,安南在为谋得联合国的一个职位而努力。在理想主义的年轻学子看来,联合国也恰恰是实现他们梦想的合适途径。学生们在科菲和罗伊的公寓里经常通宵达旦地讨论世界的未来问题。

于是安南开始了他在世界卫生组织的工作,先是签订了一份短期合同,由于工作出色,他又获得了续约。实际上,他到日内瓦的目的是想攻读博士学位,但学业很快退到了次要位置,博士论文也同样如此。

他甚至没有获得硕士文凭。在日内瓦国际高级研究学院求学期间,除了丰富了人生阅历之外,他还结交了许多新朋友,掌握了还算过得去的法语知识。不久,联合国吸引了他的视线。

安南的政治生涯

安南刚开始工作时的职位很低,他从最低的级别开始做起,在世界卫生组织中担任行政与财政专家。作为预算干事,他任职于世界卫生组织总部,距他离开不久的校园不远。他按照P1级别拿薪水,这是给予大学毕业生的最低工资级别。

联合国将人员级别分为专业人员和

一般人员两大类。可以从P1提升到P5，部门分部负责人层面之后是主任级官员D1到D2，然后是作为助理秘书长的部门领导人，然后是副秘书长，最高一级就是秘书长本人了。

安南在他长达40多年的联合国服务生涯中经历了所有的级别，从最下面直至最上面。他比大多数人更了解这一组织，而且他差不多了解了它的每一个角度。安南在驻外的维和行动中积累的经验最少，仅仅在70年代有过几个月时间，而且即便是这段时间他也是在行政机构中度过的。

1962年夏天，虽然他的学友们认为他是一个多才多艺的年轻人，一定会事业有成，但是谁也没想到，他会在这一世界组织中持续了如此漫长的职业生涯，至少他没这么想过。安南始终认为他在国外的生活只是暂时的。但是他很喜欢这个世界组织。他喜欢的是这种国际氛围，他刚开始到麦卡莱斯特学院的时候就懂得欣赏这样的氛围了。

另外，他有这样的感觉，他在这儿要比在家乡更能接近自己的理想。家乡的政治局势变得越来越动荡不安。于是，他就待下来了，合同一个接着一个。安南在日内瓦和来自世界许多国家的人工作了三年，撇开工作内容不谈，尤其让他着迷的是那种氛围。

三年后，他实在想到外面去看看——他已经厌倦了在日内瓦总部的工作，希望到他认为开始真正生活的地方：联合国的分支机构去。他想去非洲，"以帮助改善这一洲的形势。"他就这样提出了调动工作的申请。世界卫生组织在刚果和埃及都有空闲的职位。这两个地方都引起了他的兴趣，这两个地方的职位他索性都申请了。

可是，提供给他的地方先是菲律宾，然后是印度。在和

上司们讨论较长时间之后,最后提供给他的是位于丹麦首都的一个职位。"哥本哈根不错!"他自己想,可是这不符合他的愿望。他觉得,这和日内瓦的区别不够大。15分钟后,上司就收到了他的辞职申请。

他从没为做出这一决定后悔过。安南坚持了他的决定,在还无法知道哪儿有新职位的情况下离开了世卫组织。但他年轻、乐观而且自信,相信自己不久就会找到新的工作。

在那几周的时间里,他寄发了大量的信件,应聘非洲可能需要的所有职位。在等待未来雇主的回应时,安南和年轻的妻子蒂蒂前往欧洲旅行了数周之久。他们俩正是新婚宴尔。

尽管未来的前景尚不明朗,但安南"很满意也相当快乐",因为他做出了一个可以对此负责的决定。而且事实上,马上有好几个职位可供他选择了,其中一个就是联合国非洲经济委员会,总部位于埃塞俄比亚首都亚的斯亚贝巴。

1965年9月,安南在埃塞俄比亚接任新职位时,非洲经济委员会成立才不过7年。它正处在建设与扩充阶段,对一名行政专家而言,这是一项令人神往的任务。安南在那儿从事人事工作,一直到90年代他始终是在和人事工作打交道。作为"人事负责人",他当时的头衔就是这个名称,他要审阅应聘信件,补充人事档案,并且要处理劳工法方面的各类问题。

下面一则轶事可以说明有时候处理事情需要多大的耐心。说的是一名俄国教授,他很想到肯尼亚教一年书。他的材料转到了经济委员会。作为人事工作的负责人,安南就必须过问这件事。在让俄国方面相信了交流的好处之后,他突然发现,那位教授只会说俄语。

怎么办呢?难道放弃这一项目吗?那可不行,这毕竟已经花了他不少时间和精力了。于是他马上要求俄国再提供一名翻译。莫斯科最终同意了,并为教授和翻译提供了资金。一年过去了,肯尼亚方面请求再继续交流一年。安南重新找到了他的俄国伙伴。

在稍稍犹豫之后,负责方最终修正了延期决定。不过只是让那名翻译继续留下,那位教授必须回老家去。任何劝说都已经无济于事,决定已经做出。这样的事情表明,当时的人事管理,尤其像联合国这样一种不同的"部队"里,是需要某些创造性的。

当时还没有提纲挈领的、按照字母顺序排列的计算机清单,人们用索引卡片、电话、圆珠笔和许多即兴思维进行工作。此外,人事政策常常足以成为东西方争论的一部分,因为那些国家间组成的集团总是企图在重要的岗位上安置"他们"自己的人。所以,尽管从事行政事务,安南也一再陷入权力政治的陷阱中。

20世纪60年代末,安南中断了他在埃塞俄比亚的逗留,1968年,他被委派到纽约的大本营参加为期一年的进修。他又被安排在人事部门任职,然而这是他第一次接近真正的权力中心。当时领导这个国际组织的是第三任秘书长,缅甸人吴丹。安南的房间在29楼,整个纽约几乎就在他的脚下。

今天,联合国已经丧失了它原有的许多魅力,家具破损严重,大楼破烂不堪。可

在当时,在最初的几十年里,弥漫在东河左右的是"非常高昂"的气氛。安南也为这种吸引力所驱使,后来他还一直喜欢回到纽约去。

不过,他还得再去一次非洲,回到埃塞俄比亚的联合国非洲经济委员会。纽约的进修给他带来了晋升的机会:他成了那儿的人事部临时负责人,不久以后正式担任了这一职位。然后,又经过了一年的"非洲冒险"之后,他似乎准备着再作一次调动。恰恰在30岁刚出头的时候,他陷入了内心的危机之中,开始寻找新的彼岸,他请了一年长假。

安南重新回到了大学,回到了美国,在麻省理工学院修读一年管理课程。这一次能到麻省理工学院进修,是因为他认识那里的一位教授。那位教授曾参加过在亚的斯亚贝巴举行的一次会议。安南同他攀谈过,并就美国的各种进修机会与这位教授交换过意见,他希望有机会到史隆管理学院修习管理专业。

他的申请得到了肯定答复,于是他得以在1971年6月迁居马萨诸塞州的剑桥。麻省理工学院是公认的世界最好的大学之一,能在那里读书无疑会在每个人的履历表中写上特别浓重的一笔。顺便说明一下,安南确实没有拿到过硕士文凭,为了能在未来的职业生涯方面求得更大的发展,他也许还需要它。

从多方面看,这种暂时离开工作岗位到大学里充电对他有益无害。尽

管学业要求很高,但安南还是"享受着精彩纷呈的一年"。暂时中断工作反倒让他把一些事情想清楚了,克服了自己的内心危机。但他并没有像他的大多数同学一样去谋求薪金丰厚的职位,而是回到了联合国。在联合国不可能积聚财产,不过作为国际官员生活得也不错。

安南如果选择在自由经济中从业,或许完全可以得到更高的收入,这是事实。但金钱并非他唯一的动力。

他又一次被派遣到亚的斯亚贝巴几个星期,担任他的老职位——这是第三次了。他的行李里揣着新的大学文凭,从亚的斯亚贝巴前往日内瓦,这可是一次大飞跃,他这次去的可不是先前去过的那个世界卫生组织,而是直接去联合国的行政管理部门,那是联合国继纽约之后的第二个总部。他主要从事的是行政性事务工作。

安南在日内瓦待了两年,然后他调到埃及从事维和行动6个月,担任那里的民事长官。对安南而言,20世纪70年代是完全动荡不安的。往往是他刚到一个地方,马上又要奔赴另一个地方了。他似乎对自己的事业和人生计划不是那么自信了。他已经搬了13次家,即便在国外待了那么多年之后,他觉得迁居加纳在很大程度上也是值得去追求的。

安南在阿克拉从事着开拓旅游的业务,他是加纳旅游开发公司的总经理。这是一家国有企业。他那种要和自己的家乡"拥抱"的干劲和热情,转眼之间就消失得无影无踪了。那时,恩克鲁玛,这个先前的独立运动的英雄和国家总统,已经在一次军事政变中被推翻。他流亡国外,1972年因癌症在布加勒斯特去世。

从1966年恩克鲁玛政府被推翻到1974年安南回到加纳,在这一段时间里,加纳经历了一个政局动荡多变的阶段。政府更换频繁。就在安南回国前不久,又一个军人通过政变成功地取得了政权。阿昌庞上校被认为"不懂经济",在其他方面也运气不佳。生产和贸易陷于停顿,走私和黑市大行其道,民主体制惨遭破坏。

1978年,在一次宫廷革命中这位上校又被他的军人同僚推翻了。安南到加纳旅游开发公司上任时,国内气氛已经相当紧张了。从理论上看,他在那儿可以自己做主,可以做出决定和进行组织安排,但实际上,那些军政要员们总是肆意干涉,横加插手。这使刚回到国内的安南感到无所适从,因为他希望打开祖国的旅游市场,为人民创造富裕的生活。

比如,他计划在沿海地区建造一批宾馆。可他讨厌这里的一切,他不喜欢那些军官们不停地给他指手画脚。"太多的禁令牌和太多的封锁,"他还感到遗憾的是,"你不可能会有什么收获。"于是他到国际上去寻找自己的运气了。

经历了阿克拉的失望之后,1976年,安南重新回联合国报到了,这一次是去纽约,担任人事负责人。和平时一样,他做事可靠、稳重,并不显山露水。安南在自己的工作范围内受人尊敬,但他并不是光芒四射、但转瞬即逝的"流星",他在悄悄地攀登,一级一级地向上攀登。人们认为他是一个可爱的同事——无论他的上司,还是他的下属,都这么认为。

1980年,他被派往日内瓦的联合国难民署,担任人事部主任。他分管着当时在难民署工作的大约2000名雇员。难民署负责世界上的背井离乡者和无家可归者。该组织在许多地区同时忙碌着,处理的大多是需要立即解决的突发性危机。这就要求人们迅速投入人力物力,快速做出反应。就

像在东南亚,20世纪70年代末,数千名船民为了追求更美好的未来不惜铤而走险,踏上了冒险的旅程;或者在非洲,当时索马里的无数难民纷纷逃难到了邻近国家;或者在拉丁美洲,智

利人因为害怕独裁者皮诺切特而逃离自己的家园。

联合国难民署正处在一个前所未有的发展阶段，可这一组织根本还没有做好充分的准备。这就要求高层负责人懂得危机管理。科菲·安南领导下的人事部方面永远在忙忙碌碌地派遣工作人员，尤其是派遣负责劳工法和组织的工作人员奔赴世界各地。

在当时的人事主任代表瓦尔特·科伊瑟的印象中，安南是一个具有"伟大的领导素质"的人。安南的顶头上司弗朗兹·约瑟夫·霍曼—赫林贝格也持同样的印象。因为他更新了整个人事管理，重新组织流程，给这个部门起了个时髦的名字——"人力资源处"，完全按照电子数据处理、调整工作。但在他直接的职责范围之外，安南始终还是一个默默无闻的人。直到20世纪80年代初，安南才被长期派往纽约，进入了联合国的核心。

安南个人轶事

①婚姻生活

安南的夫人娜内·拉格尔格伦生于瑞典斯德哥尔摩，是一名职业画家，其父贡纳尔·拉格尔格伦是著名的国际法学家。拉格尔格伦曾担任过律师和法官，并在联合国难民事务署工作过。安南夫妇均为再婚，1981年结婚，有3个孩子。

东奔西走的生活也让安南付出了代价：他和第一任妻子的婚姻亮起了红灯。早在20世纪70年代中期，她就不再像他们新婚不久周游欧洲时那么快乐了。1964年，他们在日内瓦经朋友介绍相识。安南当时在世界卫生组织任职，这位比他小两岁的尼日利亚女子在瑞士学

习语言。

第一次相遇后不久，他们便结成了一对，1965年他们在日内瓦结婚。蒂蒂·阿拉基亚，安南从此叫她蒂蒂，出身于尼日利亚的一个显赫的名门望族。和安南的父亲一样，她的父亲阿德耶莫·阿拉基亚爵士也是"酋长"，而且也是尼日利亚最高法院的法官，甚至被英国封为骑士。此外，他还创办了一份尼日利亚的报纸《时代日报》。他的名字在拉各斯可以说是家喻户晓，随便到哪条街上问，谁都知道他的大名。

蒂蒂·安南有一段求学时间是在英国的一所寄宿学校里度过的，她在还没有真正投身到自己的职业生涯之前就结婚了。

有了婚姻生活之后，她只是阶段性地工作，比如在亚的斯亚贝巴，她做过秘书。但大部分时间她是作为家庭妇女度过的，照顾好自己的丈夫。每次，只要安南调换工作，她就跟着他走。她和他一起去亚的斯亚贝巴，20世纪60年代末到纽约学习一年，后来到剑桥的麻省理工学院，去加纳，然后再回到纽约。他们俩总共有两个孩子：女儿艾玛出生于1969年，儿子科乔出生于1973年。

对蒂蒂·安南来说，孩子出生之后——"他们给了她乐趣"——正如她后来回忆的那样，总是将随身衣物托运打包，到哪儿都是重新开始，寻找新的朋友，而且常常和艾玛、科乔一起等着她的丈夫从办公室回到家里，这样的生活并不轻松。

这并不是说，他们的婚姻从一开始就是不幸福的。至少她是这么认为的。她谈起过他们度过的"美妙时光"，而且直至今日，她仍然将她的前夫视为两个孩子的了不起的父亲，是一个镇定自若的人——她认为这是"上帝的礼物",并且也视他为一个非常"合群的和喜欢交游的人"。

那一段时间,即便从表面上看,他们俩也被认为是一对完全和谐的夫妇,因为谁也没有从另一个人的生活中消失。当时的朋友们将蒂蒂·安南看作是一个富有魅力、懂得世道常情、热情大方、喜欢享受生活的人,尽管出生在特权阶层,但仍然是一个特别讲求实际的人。而安南也始终被认为是这样的一个人,他能够以一种克制的方式去接近他人,并且可以将很大的一个朋友圈保持下去。

尽管如此,他们俩还是在70年代末分手了。她到伦敦定居,他先是去了纽约,后来去了日内瓦。安南不喜欢,也特别少地谈起他的第一次婚姻生活的情况或者婚姻失败的原因。蒂蒂·安南也对某些细节问题语焉不详,但从他们的解释中可以看出,在三大洲中频繁更换工作,这种动荡不安的奔波生活不有利于他们的家庭和睦。

和人们普遍的想法不同,这样的国际生活恰恰不是一件顺心如意的事。蒂蒂·安南叙述过好她孤独的时刻、艰难的居住条件和随时做好动身的准备,还有她住在那些宾馆房间里,而自己的丈夫却早已奔赴另一个工作岗位了。

相反的是,她的丈夫可以为了一个更好的职位而同意一次又一次的变动。"于是他就情愿一而再、再而三地搬家。"她叙述说,分手是她首先提出来的:她突然一走了之了。后来,她是愿意回心转意的,可是他不肯回头了。

20世纪70年代末,他们各奔东西,那时两个人

SECRETARY-GENERAL

都40岁左右,正处在人到中年阶段。正如她叙述的那样,等到1983年他们最终离婚的时候,科菲·安南的生活中已经有了新的女友了:娜内·拉格尔格伦。

一年后他和她结婚。蒂蒂·安南没有再次走进婚姻的殿堂。在她的祖国尼日利亚,有时候她仍被认为是科菲·安南的妻子。

"这是非洲的一种传统,你做过他的老婆,就永远是他的老婆。"尽管伴随他走过他最初的职业生涯,但蒂蒂并不为自己目前不在这位联合国秘书长的身边而感到悲哀。

"如果我注定能站在这个位置上的话,那我今天一定就在那儿。"这位虔诚的基督徒直截了当地说。

分手之后,这对前夫妇达成一致,儿子科乔留在父亲身边,让他上一所国际学校,直至像姐姐艾玛一样,大到足以去上寄宿学校为止。所以,70年代末,安南处在一个对男人而言相当不寻常的境况下:他是一个独自养育孩子的单身父亲,必须兼顾工作和家庭,以便让科乔少受痛苦的折磨。

他"必须顽强战斗",儿子如此描述父亲当时的情形。安南感觉到时间太紧张了,于是,半年后,他请了一个女佣。尽管如此,他还是尽可能亲自到学校接儿子,把他带回家,自己却常常还要再回到办公室的写字台旁。

正如他后来喜欢承认的那样,这是一个艰难的分身术,然而他却远比一个处在同样情景下的女子更为轻松地解决了这一问题。因为首先作为领导人,他有权确定会议在何时举行,第二,作为一名具有同情心的单身父亲,他可以完全信赖他的同事们。

"在工作和家庭两者之间来回奔波，这对他确实不容易，但他的男性同事们对女性所持的态度和他不同。"

一直到80年代中期，他在日内瓦认识同样离异的瑞典女子娜内·拉格尔格伦之后，他的私生活才重新稳定下来。她比安南小6岁，作为法学专家任职于联合国难民署。她有一个女儿，名叫尼娜，她把她带在自己身边。

对这位瑞典女子来说，日内瓦的这个职位是一个梦想。后来，为了跟随安南到纽约去，她只好内心无比不情愿地放弃了这一职位。科菲和娜内相识于办公室。"在此之前我们见过一次面"，但他们真正地开始互相交流，还是在一位朋友举办的聚会上，这发生在娜内获得日内瓦的职位几个月之后。他们突然触电了。娜内·安南后来形容这一次会面"简直难以相信"。不过，到他们成为正式的情侣，还是有一段时间的，这是因为两个人待在共同的工作场所的缘故，或者还因为安南仍然存在着合法有效的第一次婚姻，但这次值得纪念的会面之后，两人的情感"相当强烈"了。

安南1983年调往纽约时，娜内在考虑了一阵后决定跟他一起去。纽约的联合国难民署没有她的职位，她只好提出辞职。在结束作为自由法学专家的几个短期合同之后，她放弃了这项投入了长达16年巨大热情的工作，将未来的时间投入到绘画艺术的研究中。

这位事业有成的瑞典女子开始在科菲·安南的身边过起了一种崭新的生活。安南当时是联合国管理事务部下属部门的负责人。1984年，在他们搬家后不久，两人在纽约结婚了。他们并没有去曼哈顿的任何一所教堂，而是作为这一世界组织的真正"孩

子",去了这一世界组织高楼对面的"联合国小教堂"里。

这是一座不引人注目的小礼拜堂,有点昏暗、简陋,除了因为和联合国的关系而散发着国际性和多文化性的氛围之外,实际上没有任何特别之处。对于在联合国内认识的伴侣来说,这是举行婚礼的理想场所。在他们的结婚照上,两个人看上去稍稍留下了20世纪70年代的痕迹:一身非洲民族服装的打扮,他穿的是蓝色服装,她穿的是白色服装。新娘头发上戴着小花。她外表出众,和平时完全不同,而且看起来非常幸福——根据她自己的说法,她至今还感到那么幸福。

②所受争议

改革理念引发争议:综观安南任期内所提出的各种改革措施和理念,成功实施的有之,引起争议的也不少。例如,在安理会扩大问题上,他表示要吸纳那些在财政、军事和外交方面对联合国贡献最大的国家,这同要求优先解决发展中国家在安理会代表性不足的众多国家的愿望不相一致,自然很难获得赞同。

发展中国家被边缘化:作为一个来自非洲的秘书长,最让安南失望的是许多发展中国家的人民在全球化趋势中日益被边缘化。包括美国在内的大多数发达国家对发展中国家的援助,远远没有达到联合国的要求。

对人权的践踏随处可见:在人权领域,安南也有很多遗憾。国际社会对人权和法治的践踏依然随处可见。安南认为安全和幸福取决于对人权和法治的尊重,必须通过法治保护人类尊严和权利,在维护人类社会的多样化中相互学习,国家必须遵守国家间的规范。然而

许多弱势群体的尊严和权利不能得到保障，依然苦苦挣扎在痛苦的深渊里。

③新闻事件

未能阻止伊拉克战争："可以说我为消除世界上的不平等和贫困奋斗了一生，我的部分愿望已经列入了联合国千年发展目标，这是最好的事情。最糟的事情是，我没能避免伊拉克战争，我不同意发动伊拉克战争，但最后只能接受伊拉克战后重建工作，而联合国驻伊拉克代表却被炸身亡，更令我痛苦万分。"

石油换食品丑闻：2004年11月26日，美国《纽约太阳报》披露，联合国秘书长安南的儿子科乔·安南卷入了"石油换食品"丑闻。该报称，科乔·安南曾经在1999年2月开始，一直接受一家名为"克泰科纳"的瑞士公司每月2500美元的酬金，而这家瑞士公司从联合国对伊拉克的"石油换食品"计划中得到了利润丰厚的合同。从报道的字里行间不难看出，人们怀疑科乔·安南利用父亲的关系帮助这家瑞士公司获得了合同。

安南当天在联合国纽约总部举行的记者招待会上说，他对于儿子没有把与瑞士克泰科纳公司的关系和盘向他托出感到"震惊和失望"。

联合国驻伊总部被炸：伊拉克当地时间2003年8月19日下午5时许，设在伊拉克首都巴格达的联合国大楼遭到炸弹攻击，联合国驻伊拉克最高官员、安南秘书长特别代表塞尔希奥·比埃拉·德梅洛在爆炸中不幸身亡。联合国秘书长安南为此发表声

明,指出德梅洛的身亡,对联合国和对他个人都是一个痛苦的打击。

社会评价

安南是位经验丰富的外交家,懂英语、法语和几种非洲语言。他讲话温和,性格直率,待人坦诚,头脑冷静,富有幽默感。身高1米75的联合国秘书长安南,虔诚的天主教,站着的时候总是腰板挺直。

无论身处何时、何地,即便是处在危险境地,安南总是非常注意自己的仪容仪表。因此熟悉他的人常戏称他为"世俗教皇"。美国著名男性杂志《君子》曾经评选出"全世界最会穿衣服的男性",名单中除了英国影星休－格兰特和大帅哥裴德－洛以外,联合国秘书长安南也榜上有名。

正如同服装追求简单之美,在为人处事中,安南也喜欢说自己是个简单的人。

安南出生在非洲部落酋长之家,却接受了良好的西式教育;他热爱自己的祖国,却很少提到自己是加纳人,而以一个非洲人来称呼自己;他被人称为"世界总统",却没有任何实际的政治权力,没有任何领土归他管辖,没有任何军队供他调遣;作为联合国秘书长,他有太多的麻烦和困扰,但他始终保持乐观;他是那么引人注目,却是个低调的人,让人觉得他在尽力避免别人的目光;他既有着高贵的品质,也不乏普通人的生活原则;他永远让人感觉处于一种平和的状态。

安南是公认的联合国历史上最富有改革精神的秘书长。在任职的10年中,安南一直在不懈地推动联合国改革进程,将

这个声望下降的庞大机构改革成能够应对新时期新挑战的卓有成效的权威国际组织。安南曾经将自己的工作形容为"与时间赛跑"。

就任后，为了和平使命，安南在世界各地不断地穿梭访问，调停斡旋，化解危机，遏制冲突，防止战争，到处呼吁和谈，谴责暴力，足迹遍布五大洲。无论是在伊拉克危机、中东巴以冲突中，还是在南亚克什米尔争端、阿富汗战争里，都可以见到安南的身影。因此，有人称他为世界上最忙碌的和平使者。

安南最引人注目的是他那双眼睛。他的眼睛，映射出的不仅有对这个既富饶又贫穷、既美好又痛苦的世界的忧患和悲悯，更多的是力量和希望。

圣·马修福音中有这样一句话：上帝保佑和平使者，因为他们应该被称之为上帝的孩子！这句话被刻在一个走在钢丝上的木雕小熊上，在2003年2月8日的安理会午宴上，由俄罗斯外长伊万诺夫送给了联合国秘书长安南。

科菲·安南联合国前首席发言人说，安南是个懂得放权的管理者。

"作为发言人，我需要掌握内部信息，他很理解这一点，让我出席所有会议，确保让我获得一切信息，从不忘记我。每天早晨我都和他碰头，他告诉我当天会发生的事情。他到哪里都带上我。他是个懂得放权的好的管理者。"

王光亚向安南秘书长

转达了胡锦涛主席、温家宝总理的问候，并表示，安南在担任联合国秘书长10年里，积极倡导多边主义理念，推动加强联合国作用，为维护世界和平、促进共同发展和深化全球合作做出了不懈努力和突出贡献。

《华盛顿邮报》赞誉安南是有史以来最活跃的联合国秘书长。

《华盛顿邮报》曾刊发一篇署名文章，题为《安南留下的东西》，称冷战时期赋予联合国秘书长一职以新的价值，而安南无疑是有史以来最活跃也是最有争议的一位联合国秘书长。

媒体对安南的描述：一个非常镇静的人。

"一个非常镇静的人，一个几乎从不会提高嗓音的人，一个从来不会发怒或者失去耐心的人，人们最多能从他连续不断的搓手和眼睛猛烈的颤动中，感觉到他内心的焦虑。"这是媒体对联合国秘书长安南性格的一种"典型性描述"，也是人们从频繁出现的电视画面中所得到的对于安南的印象。

加纳人眼中的安南：他是加纳的英雄。

"他是加纳的英雄""我为他感到自豪""非洲人民感谢他"。在西非国家加纳，一提起"科菲·安南"这个名字，从总统到百姓，人们最常说的就是这些话。

职业生涯

科菲·安南于1959年，首次离家出国，获福特基金会的奖学金，在美国明尼苏达州圣保罗的麦卡莱斯特学院学习，并取得经济学学士学位。还曾就读于日内瓦高等教育大学。33岁时进入美国著名的麻省理工学院学习,获得管理学硕士学位。

1962年进入联合国非洲经济委员会工作,其后一直在联合国总部、日内瓦办事处、日内瓦难民专员办事处、世界卫生组织等部门担任行政工作。1974年,他回到加纳,担任国家旅游局局长。

1974年中东"十月战争"后,他担任驻开罗的联合国紧急部队民事长官。20世纪80年代初,安南调回联合国总部,先后担任人事和财政部门的领导工作。1986年,他升任联合国助理秘书长,在人事厅负责人事工作。

1990年海湾战争爆发后,安南负责同伊拉克谈判,释放联合国及其他国际组织工作人员的人质问题。他被委派负责遣返900名联合国工作人员、谈判释放西方人质和协助解决滞留在海湾地区的50万亚洲人的问题。此后率领联合国小组同伊拉克进行"石油换食品"的谈判。

1993年3月1日起任负责维持和平事务的副秘书长,主管联合国在世界各地的维和行动。1995年10月10日由联合国秘书长加利任命为临时负责前南地区的秘书长特使和驻北约特使,协调有关国家的关系。

1996年12月13日被联合国安理会提名为下届联合国秘书长候选人,17日联大批准安南为联合国第7任秘书长。

1997年1月1日正式就职,任期5年。2001年6月,安理会提名安南连任秘书长,6月29日,联大通过了安理会的提名,安南将从2002年1月1日起连任秘书长,至2006年12月31日。

1997年4月13日,获得1996年度"博尼诺世界和平奖"。2001年7月获美国费城自由勋章。1998年2月20日–23日,安南秘书长亲赴巴格达调解美国和伊拉

克关于武器核查的危机,并与伊拉克达成了协议,为避免战争,和平解决这场危机带来了希望。

2001年10月12日,挪威诺贝尔委员会宣布,联合国和联合国秘书长安南由于在促进世界和平方面作出了重要贡献,共同获得诺贝尔和平奖。

安南出任联合国秘书长,改变了这一国际组织的权威性。他是位公认的和平使者。

联合国秘书长发言人办公室2012年3月23日说,联合国秘书长潘基文和阿拉伯国家联盟(阿盟)秘书长阿拉比当天发表联合声明,宣布任命联合国前秘书长科菲·安南为叙利亚危机联合国与阿盟联合特使。

声明说,根据联合国大会16日通过的有关叙利亚的决议,经过潘基文与阿拉比的密切磋商,决定任命安南为叙利亚危机联合特使。

声明说,安南将成为联合国秘书长以及阿盟在叙利亚问题上的高级代表,他将就叙利亚问题进行斡旋,以"结束叙国内的暴力和侵犯人权的行为,推动叙利亚危机和平解决"。

声明指出,联合特使将在联合国大会以及阿盟就叙利亚问题通过的有关决议的指导下开展工作,他将与叙利亚国内外的相关对话参与方进行广泛磋商与接触,以期结束叙利亚暴力和人道主义危机,并通过推动叙利亚政府和反对派开展全面的政治对话,来促进由叙利亚人主导的、包容、和平的政治解决方式的实施,满足叙利亚人民的民主诉求。

联合国大会16日投票通过了一份有关叙利亚问题的决议,决议呼吁联合国任命一位特使,为和平解决叙利亚危机进行斡旋,并通过提供技术

和物质援助的方式,为阿盟处理叙利亚危机的努力提供支持。

所获殊荣

安南是积极的行动者,他对国际和平的贡献是有目共睹的。无论是在非洲战乱、中东危机,还是在南亚克什米尔争端、东帝汶暴乱、阿富汗战争或者其他极度敏感的政治危机中,到处都有安南和他的团队穿梭斡旋的身影。

安南在2001年诺贝尔和平奖获奖感言中说:"在21世纪,我们更深刻地认识到每个人的生命都是圣洁的,都是应该得到尊重的,不应该由于种族和宗教信仰的不同而有高低之分。联合国的任务就是为了实现这一切而努力。联合国首先要解决的3个问题是:消除贫困、制止冲突和促进民主。"

安南是锐意进取的改革者。他高擎多边旗帜,力推改革,重塑联合国。从1997年到2005年,他提出多个一揽子改革方案,成立联合国改革名人小组,迈出了联合国制度性和结构性改革的重要步伐。安南任内确定了联合国改革的基本方向和框架,这是他留下的最重要的遗产。

辞任特使

2012年8月2日,叙利亚危机联合特使安南在日内瓦记者会上表示,虽然他已经请辞,但是他将工作到他任期的最后一天。他同时强调,有关的"安南六点计划"和各国在日内瓦达成的叙利亚问题"行动小组联合公报"并不会因他的离去而死亡。中国官方称

尊重安南决定，并赞赏其为推动政治解决叙利亚问题发挥了积极和建设性作用。

军事冲突不断升级

安南说，现在不断升级的军事冲突和明显缺乏团结的安理会，已经根本改变了他能够有效发挥作用的环境。

现在流血冲突还在继续，大部分由于叙利亚政府的不妥协以及拒不执行"安南六点计划"，也因为反对派不断升级的军事行动，同时伴随着国际社会的分裂。

安南说，没有严肃的、有目的的、团结的包括该地区势力在内国际社会压力，"我，乃至任何人都不可能去迫使叙利亚政府和反对派采取必要步骤开启政治进程。"

不过安南也强调，即便他决定离去，"安南六点计划"是受安理会决议支持的，是安理会的决议内容，所以"依旧还留在安理会和国际社会的台面上"。同样，6月30日各国在日内瓦达成的叙利亚问题"行动小组联合公报"也同样将继续有效。安南表示，任何进一步的安排必须依靠安理会和"行动小组"推动。

指安理会缺乏团结

安南说,对于这样一个调解任务,国际社会的团结被视为最重要的因素,当他第一天接过这一任务的时候,他就强调国际社会团结,必须只有一个调解进程,各方必须通力合作。当时,"我们看上去的确是在这样做,安理会声明和两个决议都是全体一致通过的",但到了后来安理会出现分野。

安南表示,安理会的团结可以重建,他们可以和叙利亚危机区域各国的政府、反对派方面以及新的叙利亚危机联合特使一起推进局势向前发展。他并表示继续为团结各方而努力。

安南个人履历

1938年4月8日,生于加纳库马西市。

1954年至1957年,进入加纳著名的英国寄宿学校学习。

1958年,在库马西科技大学接受高等教育。

1959年,离开加纳,前往美国求学。

1961年,在美国明尼苏达州圣保罗市的麦卡莱斯特学院,获得经济学学士学位。

1961年至1962年,在瑞士日内瓦攻读国际事务研究生课程。

1962年,成为联合国下属的世界卫生组织(WHO)的预算干事。

1972年,获得美国麻省理工学院管理学硕士学位。

1974年至1976年，返回加纳，担任加纳旅游发展公司总经理。

1976年，任联合国驻开罗紧急部队民事长官。

1980年，任日内瓦联合国高级难民署负责人。

1990年，海湾战争爆发后，被委派至前南斯拉夫，负责遣返900名联合国工作人员、谈判释放西方人质和协助解决滞留在海湾地区的50万亚洲人的问题。

1993年，任联合国负责维持和平事务的副秘书长，并向索马里和卢旺达派遣维和部队。

1995年，成功完成波斯尼亚和黑塞哥维那境内联合国维和部队与北约多国执行部队的移交任务。

1996年12月17日，被选为联合国第7任秘书长。

1997年4月13日，获得1996年度"博尼诺世界和平奖"。

1998年，出访伊拉克，劝说伊拉克履行联合国安理会决议，在巴格达与萨达姆·侯赛因举行会谈。

1999年，以外交手段促成国际上对东帝汶暴乱的回应。

2000年9月，以巴重新爆发暴力事件后，进一步努力鼓励双方根据安全理事会第242号与第338号决议和"土地换和平"原则，通过和平谈判，解决巴以的歧义。

2001年4月，发表解决艾滋病毒/艾滋病流行病五点"行动呼吁"，并提议设立全球保健基金。

2001年6月，联合国大会全票通过由安南连任秘书长。

2001年7月，获美国费城自由勋章。

2001年10月12日,获得诺贝尔和平奖。

2002年,推动建立联合国东帝汶援助团,援助团为东帝汶提供为期两年的援助,对于东帝汶独立发挥至关重要的作用。

2001年至2004年,积极斡旋、缓和伊拉克、阿富汗局势。为推动伊拉克、阿富汗战后重建以及援助工作发挥重要作用。

2005年3月21日,向第59届联合国大会正式提交题为《更大自由:为人人共享安全、发展和人权》的报告,联合国的改革进入到一个历史上最为关键的时刻。

隆德大学小百科

隆德大学是最受中国留学生欢迎的瑞典学校之一,很多中国留学生都向往去隆德大学留学,因为留学瑞典隆德大学不仅免学费,而且享有欧洲名校之中最高的签证率。留学隆德大学还有许多其他的优点:签证超过一年的留学生都可享受当地的高福利(如公费的医疗),当地人都乐善好施,善良友好,社会服务机构完备,留学生可以便利地畅游欧洲(瑞典为申根成员国)等等。瑞典隆德大学是中国留学生在瑞典留学的最佳选择。

第三章　民主与批判

　　隆德大学在许多方面具有特色，如民主的视点，批判的思维，对全球环境的关注，以及对种族多样性和社会多样性的关注等等。另外，改革思想与人文主义关照相结合以及幽默感也是隆德大学特有的价值观。

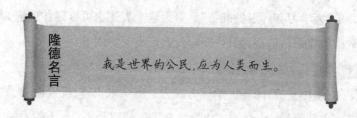

隆德大学
LONG DE DA XUE

第一课　培养学生的批判性思维

隆德名言

我是世界的公民,应为人类而生。

　　欧洲大学排名居前10位的瑞典隆德大学在许多方面独具特色,如民主的视点、批判的思维和对全球环境,以及对种族多样性和社会多样性的关注等。另外,改革思想与人文主义关照相结合,也是隆德大学特有的价值观。下面是佩尔·埃里克森校长就办学理念等接受《深圳特报》区记者的采访。

谈核心价值观

　　《深圳特报》区记者:隆德大学建于1666年,历史十分悠久,学校的文化有十分深厚的积淀,请您简单介绍一下隆德大学创建之初的历史。

　　佩尔·埃里克森:隆德市是一个历史悠久的教育和宗教中心,曾是丹麦大主教驻地。1085年这里设立了一所培训神职人员的圣公会学校,是今天斯堪的纳维亚最古老的学校之一。1485年隆德曾尝试开展中世纪大学教育,但这个努力未获成功,后被放弃了。根据1658年签订的罗斯基勒条

约,瑞典王室取得了丹麦南端的三个省,王室随即于1666年设立了隆德大学,作为对新领土进行瑞典化的手段。这是瑞典国王设立的第5所大学。从我们的校园就能看出学校的深厚历史,古典宏伟的建筑被葱茏大树和鹅卵石小道分隔得错落有致。

《深圳特报》区记者:隆德大学的校徽很有意思,可以解释一下当中的含义吗?

佩尔·埃里克森:隆德大学的校徽是头戴皇冠的狮子一手拿书、一手持剑,代表着隆德大学为国家和人类去学习知识、去捍卫真理。隆德大学的校训是"为学习和捍卫做准备"。今天这个表述也可以延伸理解为隆德大学坚持的双重价值观,如传统和革新、广度和深度等。

《深圳特报》区记者:隆德大学办学的核心价值观是什么?

佩尔·埃里克森:隆德大学致力成为一所学术正直、批判思考、敢于质疑既定现实的大学。大学应该成为社会发展的驱动力。作为领先的、有创造力、跨学科的高等院校,隆德大学坚守着人类和学术的基本价值。首先,学术正直是毋庸置疑的,诚实是第一要律。在知识和道德的层面上,科研

和教育都应该独立于各种力量。第二,理性和平等的理念要渗透到日常的教研活动中。各种观点和讨论都应该被鼓励和包容,尊重不同的观点和客观事实能更好地指引我们开展教学。第三,我们一直都鼓励学生进行批判性的、有建设性的思考,并用心为他们创造一个革新的、有创造力的环境。其中,幽默感、建设性的质疑和人文主义是关键词。此外,隆德大学也十分注重民主价值,并在平等和种族多样性的背景下践行民主价值。我们不能接受任何冒犯和歧视的对待,因为尊重、包容和关爱有助师生在和谐的环境中成长。

《深圳特报》区记者:作为一校之长,您的领

导理念是什么?

佩尔·埃里克森:我努力尝试分散我一人的领导权,比如说,把领导权和决策权分散给副校长,同时我们有一个副校长助理的团队和一群优秀的系主任;我更愿意给他们极大的自由度,不做太多的指导和干涉,只是检查工作成果,我们的合作十分紧密、有默契。

> **【佩尔·埃里克森谈隆德市和隆德大学】**
>
> 隆德大学致力成为一所学术正直、批判思考、敢于质疑既定现实的大学,大学应该成为社会发展的驱动力。佩尔·埃里克森:隆德市位于瑞典南部的斯科讷省,该省自古以来就以文化著称,有瑞典最富饶的土地,也有瑞典最成功的公司。

谈学术卓越

《深圳特区报》记者:隆德大学在国际上以斯堪的纳维亚地区最大的研究型大学而著名,其世界排名经常保持在100名以内,是哪些重要的原因使得它一直保持卓越?

佩尔·埃里克森:成为欧洲数一数二的学校,是我们"战略计划"的其中一个目标。我们致力于把不同的学科结合起来,同时在筹集基金支持各个领域开展科研活动这一方面我们做得很成功。隆德是个很小的城市,但学生人数很多,所以这是个被学校和学生主导的城市,学生在这个"城市校园"的生活多姿多彩。我相信,这些所有的因素加起来使得隆德大学跻身世界一流大学之列。

《深圳特报》区记者:隆德大学拥有30多个世界顶级研究机构。此外,瑞典政府对隆德大学的资助不断增加,使得隆德大学成为瑞典最强的研究型大学之一。请介绍一下隆德大学在学术研究方面的竞争力和优势。

佩尔·埃里克森:隆德大学是瑞典实力最强的综合研究型大学。我们的研究团队通常都具备跨学科的科研能力。我们建立了许多有实力、有吸引力的研究机构,研究的过程和成果都与课程设置紧密结合。目前,我们正进行同步加速器辐射装置MAXIN和欧洲散裂中子源项目(European Spallation Source),这些都证明我们正成为材料科学的"学科首都"。

【人物简介】

佩尔·埃里克森,1981年在隆德大学获得电子通信理论专业博士学位,毕业后留校任教,在工程学院担任电子通信和信号处理专业的讲师,后来担任远程传送理论系系主任。自1989年至2000年,佩尔·埃里克森出任瑞典布莱津理工大学的校长,2001年出任代表瑞典政府构建创新体制的具体执行单位——瑞典创新局 (VINNOVA)局长。2007年他回到隆德大学,担任信号处理专业的教授,2009年成为隆德大学校长。

《深圳特报》区记者:几乎所有到斯德哥尔摩领取当年度诺贝尔奖的学者,都会专程来隆德大学做演讲。隆德大学如何把握这一独特的优势?

佩尔·埃里克森:没错,诺贝尔是瑞典的金字招牌,瑞典的很多学术机构、工业企业和宏伟建筑,都与其密切联系在一起,或者直接用"诺贝尔"来命名,诺贝尔故居纪念馆还成为世界级学术活动的中心,每年都有多场学术研讨会在这里举行,成为学术思想的集散地。事实上,许多隆德大学的教授都是瑞典皇家科学院的成员。就在前几天,2011年诺贝尔化学奖得主丹·舍特曼(Dan Shechtman)就来到隆德大学演讲。显然,这是一个很好的传统,我们与很多诺贝尔得奖者都经常保持着紧密联系。这一点足以让隆德这座大学之城屹立于世界学术之巅。

《深圳特报》区记者:许多世界顶尖的大学都大力吸引人才。请问贵校如何吸引顶尖的研究人员?

佩尔·埃里克森:我们看到,近些年来中国大学的待遇和条件越来越好,很多原本在国外工作的学者都愿意回到中国,隆德大学也尝试以同样的方法,吸引长期在国外做学问的校友。最近,我们收到一笔捐赠,我们将用作癌症治疗的相关研究,现正面向全世界吸纳该领域的顶尖人才。

谈教育模式

《深圳特区报》记者:许多隆德大学的中国留学生都对贵校的民主视角、批判思维和全球视野留下了很好的印象。请您介绍一下贵校的教学模式。

佩尔·埃里克森:确实如此,我与很多中国留学生交流过,他们告诉我，他们很认同和欣赏"隆德大学学习模式"（"The Lund Learning Model"），即以学生为中心的教学和学习方法，目标就是增强学生对难题的解决能力、更好的决策能力。我们的课程都是基于各个领域最前沿、尖端的研究来开展的。我们鼓励学生在研究中学习，从中提升批判性思考和实际应用的能力。隆德大学的另一特色是，为增强学生的民主意识、民主素质而创造环境。学校各个重要的决策部门包括学校董事会都有学生代表。这是我们民主的传统。我们十分引以为豪。

《深圳特报》区记者：隆德大学如何与当地的文化进行互动？

佩尔·埃里克森：隆德市位于瑞典南部的斯科讷省。该省自古以来就以注重文化著称，有瑞典最富饶的土地，也有瑞典最成功的公司。隆德与丹麦首都哥本哈根隔海相望，人口仅有11万，其中一半居民与隆德大学有关。隆德市已有一千多年的历史，它至今保留着中世纪的街道布局，因而具有一种特别亲切的气氛。现在的隆德是一个国际性城市，也是一个繁荣兴旺的文化科学城，它既重视古老的学术传统，又注重文化、教育和科研中的新动向、新思想。在瑞典，有两所最古老的大学——隆德大学和乌普萨拉大学，被人们誉为瑞典的"牛津大学"和"剑桥大学"。说到隆德大学和当地文化的互动，我觉得有两个很好的例子，就是学校开办了公共艺术博物馆和植物园，其中公共艺术博物馆收集了20世纪北欧顶尖艺术家的漫画和素描，展示巨大的公共艺术作品，如壁画、雕塑和浮雕。

谈国际化战略

《深圳特报》区记者：隆德大学是瑞典国际化程度最高的高等院校。您如何看待当前大学的

国际化趋势？在这方面，隆德大学的战略是什么？

佩尔·埃里克森：要成为欧洲大学中的佼佼者，国际化是隆德大学的重要战略之一。通过双方协议、教研项目和联盟学校之间的合作，我们与全世界各国的大学进行紧密的联系与合作。如今，我们与超过50个国家的680所大学进行了合作，每年来隆德学习的国际学生有3000名左右，而且隆德大学的科研环境也非常国际化，不断地吸引世界各地的教授和学者来隆德大学参加科研合作。只有这样，我们才能向世界展示我们的进步与发展。

《深圳特报》区记者：隆德大学十分受国际学生的青睐。请介绍贵校国际学生的概况。

佩尔·埃里克森：隆德大学的国际学生都是高水平的学生，他们都有丰富的经历和独到的观点。瑞典是个很小的国家，我们确实需要吸引顶尖的研究人员和国际学生，才能更好地提供高质量的教育。现在约10%的学生是来自海外，我们希望这个数字可以增加到20%左右。目前各项工作进展得很顺利。为了成为世界一流大学，我们需要来自世界各地的学生和老师在此交换知识、文化和新的观点。我们比较青睐独立思考、独立判断、有冒险精神和坚持真理的学生。

《深圳特报》区记者：实施国际化战略，隆德大学如何发挥"研究型"这一突出的优势？

佩尔·埃里克森：隆德大学的国际合作不仅广泛，并且纵深。隆德大学是欧洲研究型大学联盟，诸如牛津、剑桥等大学参与的欧洲研究型大学联盟League of European Research Universities（简称LERU）的成员，也是著名国际大学联盟Universitas21（一个由世界上

若干所优秀研究型大学组成的国际高校联合体）中唯一的斯堪的纳维亚大学,同时,隆德大学也是哥本哈根、马尔默和隆德厄尔松地区的１２所大学组成的大学联盟—厄尔松大的成员。2007年隆德大学被誉为"Erasmus Mundus"项目的成功先例,Erasmus Mundus是在高等教育领域的一个合作性的学生交流项目,它支持高质量的欧洲研究生课程,每一课程都是由欧洲几所大学联合经营,并能把欧洲及世界上其他国家的学生紧密地联系在一起,这些都证明隆德大学是国际交流活动最为活跃的欧洲大学之一。

《深圳特报》区记者:隆德大学与中国高校的合作进展如何?

佩尔·埃里克森:自20世纪80年代,隆德大学与中国的联系已经十分紧密。我们主要和中国的顶尖大学进行合作交流,比如北京大学、清华大学、复旦大学、浙江大学等。除了欧洲学生以外,我们学校最多的就是中国和美国的学生了。我们有传统的交换项目和协议,我们也有与中国大学同样参与奖学金的项目,比如"Erasmus Mundus"项目。我们十分希望能保持这种关系, 因为这种合作于双方都十分有利。隆德大学在1997至2002年担任"欧盟—中国高等教育合作项目"主席,积累了与中国各高校科研合作的宝贵经验,并在欧盟以及中国合作对象和范围内树立了很高的威信。2007 年 9 月隆德大学组织了 "北欧中国合作论坛", 北欧科教组织和中科院的专家学者们就生命科学、信息科学、纳米科学、环境资源科学双方的合作进行了深入的讨论。

《深圳特报》区记者:南方科技大学是深圳新成立的大学,其目

标是要成为世界一流的研究型大学。作为一个著名的研究型大学,您对一所新成立大学达成这个目标有何建议?

佩尔·埃里克森:给其他大学建言不是一件容易的事,因为每所学校的风格和特点都不一样。但是,我认为向其他学校学习,发现好的东西可以运用到自己的学校,这点十分关键。隆德大学最突出的优势是培养我们学生的批判性思维、跨学科研究的能力以及良好的领导才能。作为Universitas21和欧洲研究型大学联盟的一员,我们也经常向其他成员学校学习讨教,这一点对隆德大学的长期发展尤为重要。

——选自《〈深圳特区报〉:佩尔·埃里克森访谈录》/林洲璐

隆德大学小百科

　　隆德大学知名校友——袁金良,男,1963年出生,现为瑞典隆德大学教授,博士生导师。主要从事舶轮机工程,新能源技术等方面的教学和科研工作。于1996起先后从事多项瑞典国家重大科研攻关项目——燃料电池中传热传质、流体流动及相变、电学等传递过程及其数值计算等复杂内容交叉的边缘等科。

第二课　国际化的重点大学

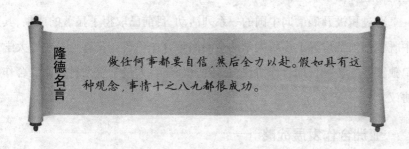

隆德名言

做任何事都要自信，然后全力以赴。假如具有这种观念，事情十之八九都很成功。

今天，隆德大学以其42500多名在校学生、丰富的研究项目以及广泛的国际合作，成为北欧最大的教育、科研机构，同时也跻身世界一流大学之列。

在发展过程中，广泛的国际学术交流成为隆德大学的一个显著特征。在过去的许多年里，隆德大学已先后与世界各地的数百所大学建立了合作关系。仅2004年，隆德大学缔结的各种不同层次的正式国际合作协议约达1200项，参加欧盟范围内的研究项目达193项。预计2012这个数字还将进一步增长。

隆德大学确定了今后几年的国际合作发展战略，提出进一步拓展与世界上其他大学的合作与交流。这中间既包括蜚声国际的学术中心，也包括发展中国家的各大名校学府。

其中，东亚和东南亚是重点的合作区域之一，增加面向这一地区的委培教育是这一战略的重要组成部分。

东亚和东南亚——国际合作的重点地区

1997年,隆德大学被指定为中&欧合作计划"欧盟-中国高等教育合作计划"欧洲项目管理办公室的所在地。

这一为期5年的计划包括多所大学,目的是向中国介绍欧盟及其成员国的情况。隆德大学被指定为欧洲项目管理办公室的所在地,原因在于这所大学有着与亚洲合作的悠久传统, 并且这一传统在20世纪90年代和21世纪初迸发出了新的活力。

通过积极开展面向中国的一系列活动,目前已取得了显著的成果,其中既包括涉及世界上多所大学的全面国际合作项目, 又有与各友好大学单独签署的各种长期合作协议、总体协议,还有大量学院系科层面的合作协议。

亚洲合作发展战略

隆德大学在1996年特别制订了一个亚洲合作发展战略, 使得以亚洲和中国为研究方向的学术活动蓬勃兴起。其宗旨在于,进一步加强东亚和东南亚领域的研究和教学,拓展与这一区域内各大学的联系。

自从推行这一发展战略以来,隆德大学建立了一个国家级的东亚和东南亚研究中心,并开设了相关方向的国际硕士研究生课程,本科教育中关于亚洲事务的课程也明显增加。

根据这一决策,隆德大学加强了与亚洲各著名大学的科研合作以及学生、教师的交流活动。目前隆德大学每年都

接受300名以上来自中国的科学家、访问学者和博士研究生。

东亚和东南亚研究中心

1997年以来，这一研究中心一直致力于开展深入的东亚和东南亚方向的研究，主要专注于这一地区的社会、经济和人文科学领域。该中心的图书馆是北欧地区收藏现代东亚、东南亚学术资料、文献最全的图书馆之一，在促进隆德大学与中国的研究交流中起着重要作用。

隆德大学的亚洲研究硕士课程

这项学制为三个学期的硕士课程开始于2003—2004教学年度，注重研究迅速发展的现代亚洲社会。

该课程从多学科的角度来分析和探讨这一地区目前面临的重大问题，研究的范围包括经济发展、社会变革、移民、环境以及城市化问题等。

这一课程的成功开设，将使隆德的学者和学生更加关注亚洲和中国方向的研究。

林思齐东西学术交流所

林思齐东西学术交流所是由中国、菲律宾、韩国、澳大利亚、北美、英国和欧洲等地的28所著名大学组成的国际性学术合作研究机构。

隆德大学是12个发起成员之一。林思齐东西学术交流所设在香港这一重要的国际金融和贸易中心。林思齐东西学术交流所的建立为东西方更好地相互理解与沟通，提供了桥梁和纽带。

林思齐东西学术交流所作为国际学术研究机构,已在加拿大、澳大利亚和中国香港开展了研究项目。

拉奥尔·瓦仑堡研究所——人权方面的合作

自从20世纪90年代中期以来,拉奥尔·瓦仑堡研究所 (RWI, the Raoul Wallenberg Institute)的人权与人道主义法研究,已经把一系列人权和国际法的培训及研究课程引入了中国。

通过培训教师, 逐步丰富图书馆藏书以及翻译大量的教学资料,"拉奥尔·瓦仑堡研究所"与中国多所著名的大学进行着合作。另外,"拉奥尔·瓦仑堡研究所"还协助中国国家和地方各级的检察机关,以及其他在此相关领域内有特殊使命的公务机构来提高他们对国际法标准知识的了解和领会。

2004年,"拉奥尔·瓦仑堡研究所"还与北京大学法律系合作开设了一门新的以研究人权为方向的硕士研究生课程。

隆德大学小百科　　瑞典隆德大学交响乐团成立于 1745 年。初时,主要是为大学的纪念活动提供音乐演奏。如今,隆德大学交响乐团已具备了一个专业乐队必需的各项条件, 积累了自己的保留节目。在瑞典名列第三。曾经巡演德国、荷兰、意大利、芬兰和美国。同时也经常在瑞典国内演出。

第三课　瑞典隆德大学留学攻略

隆德大学：要招中国顶尖学生

据介绍，隆德大学有中国学生近250名，是各国留学生中人数最多的群体。隆德大学中国事务协调人尼尔森表示，他们正在积极开展与中国一流高校的合作，希望能招到顶尖的中国学生。

在上海高校中，隆德与复旦有长期合作，在复旦建立了北欧中心，定期开展学生交流项目。隆德大学开设的硕士课程有80多个，文科的学费为每年10万—12万克朗，理科为每年约14万克朗。

无线通信是隆德的一个优势专业。爱立信的研发中心就建在大学旁，公司的一些专家还在隆德执教。中国留学生朱梅芳告诉记者："在这里读研有很多实习机会，去年，我去索尼爱立信实习了半年，当时的月薪是税后两万多克朗。"

"这次实习会折成学分计算到我的硕士课程中。"朱梅芳说。在她看

来,这种科研与企业的紧密互动,不仅让学生获得了实践经验,还可缓解留学生的经济压力。

同步辐射光源研究马克斯是隆德的一个强项,因为北欧最大的同步辐射光源MAX马克斯实验室就建在那里。而MAX马克斯实验室不但向科学家开放,还开设硕士课程,给研究生利用同步辐射光源做研究的难得机会。

隆德的文科也有很强实力,如欧洲事务研究的硕士课程,旨在培养学生研究欧盟的政治、法律等问题,并给予他们在相关机构实习的机会,适合读政治科学的本科毕业生申请。

隆德大学优势盘点

世界名校:世界前100优秀大学,是斯堪的纳维亚地区最大的科研机构和高等教育机构之一,也是瑞典最强的研究型大学之一。

历史悠久:建于1666年,学习传统可以追溯到中世纪,有悠久的历史。

教学质量:在世界上享有盛誉,该校有超过500名教授活跃于广泛的领域中的顶尖的教学和科研。

就业前景:隆德是众多世界领先企业的发源地。有世界很多优秀公司的研发中心,同时,学校还为国际学生提供了广泛的免费就业服务。包括

简历和面试的准备，以及关于瑞典就业市场的信息。就业前景好。

环境优美：隆德市是瑞典最适合居住的地方。该市是最安全和富有的城市之一，人口也是最年轻的。隆德是瑞典南部的一个城市。城市大约建立990年左右，是北欧基督教中心。

隆德大学是名副其实的世界名校，也是瑞典最大的综合大学。它跟剑桥、牛津、海德堡等一样，城市就是个大学校园，几十个院系分布在城市不同的地方。几百年来隆德大学为世界贡献了无数的显赫人才，几乎所有的瑞典政要包括首相及皇室人员均毕业于隆德大学。

当然隆德大学最伟大的贡献，是300年前从这里诞生了著名的植物学家林奈。是他首先构想出定义生物属种的原则，并创造出了统一的生物命名系统，这一系统沿用至今。近百年来，几乎所有来斯德哥尔摩领取当年度诺贝尔奖的学者，无一例外地都会专程来隆德大学做演讲，而仅这一点便足以让隆德这座大学之城屹立于世界学术之巅。

隆德大学的国际合作非常广泛，是与牛津、剑桥等大学并列欧洲研究型大学联盟成员之一；著名国际大学联盟中唯一的北欧大学；2007年隆德大学被誉为Erasmus（伊拉兹马斯）成功先例，是国际交流活动最为活跃的欧洲大学。

知识链接——瑞典留学全知道

瑞典院校采用何种教学方式？

在瑞典，人们努力将理论结合于实践。专题研究是很常见的教学方式，学生们围绕课题分小组工作从中得到锻炼。同时，瑞典的大学与行业的合作也很广泛。大学教学在很大程度上将重点放在激发学生的研究能

力及其对学科的兴趣上。通过教学鼓励学生以批评和独立的方式思考是瑞典教育体制最突出的特点。

就读瑞典的大学需要支付学费吗？

瑞典大学的学费目前正在调整之中，您可以登录英文网站www.studyinsweden.se，获取最新信息。

在瑞典生活的花销贵吗？

在瑞典，到餐馆用晚餐的价格相对较贵，这使得大多数瑞典学生选择自己做饭。如果能够好好计划并且花销得当，不需要花很多钱也能过得不错。每间学生宿舍的租金约为每月2500到3500瑞典克朗。

初到瑞典能得到他人的帮助吗？

在一些地区，中国学生会去飞机场或火车站迎接新来的留学生。此外，大学里的学生中心和国际学生联合会也会帮助新来的留学生处理一些实际问题，例如住宿。

融入瑞典社会难吗？

会讲汉语的瑞典人很少，但大多数瑞典人的英语讲得不错，因此对会讲英语的人来说，在瑞典社会生活是没有问题的。例如，人们可以在食品商店、餐馆、诊所以及官方机构里运用英语与瑞典人交流。此外，所有的瑞

典机构都设有包含英文信息的互联网站。

有24小时营业的商店吗?

在工作日,绝大多数瑞典的商店会在晚间的6点到9点之间结束营业。在周末特别是星期日,商店只会短时间营业。此外,银行和国有机构也在周末停业。在多数较大的地区,一些出售必需品的小商店会营业至较晚的时段。对居住在小地方的人来说,提早打听附近商店的营业时间,以便合理安排自己的购物时间是明智之举。

在瑞典的商店里可以找到中国食品吗?

在瑞典,大多数食品商店里都供应一些基本的亚洲和中国食品,比如生姜、酱油、绿茶和各种袋装面条。在很多地区还有专门销售亚洲餐饮原料的食品店,这些商店会出售进口的亚洲餐饮原料。

瑞典的气候如何?

在瑞典,受季节及所处地区位置不同的影响,气候特点差异较大。在瑞典的大部分地区,夏季白天较长,气温一般在15℃—25℃,在最北部甚至还有白夜。冬季,天黑得较早。西南沿岸地区,冬天不是那么寒冷,而北部却是真正的天寒地冻。不过,由于空气湿度较低,人们倒也不至于觉得寒冷难熬。此外,所有的瑞典住宅都有很好的隔温处理,这使得室内全年温度都能控制在22℃左右。

学习所需书籍的价格如何?

不同的学科和课程所需学习资料和书籍的费用自然不同。大多数学校都有专门销售二手学习用书的书店,这意味着学生可以通过购买廉价的二手书籍节省费用,同时还可以通过出售自己用

过的书籍来赚钱。此外，多数大型书店都为学生们设有折扣价格。个别网上书店还出售很便宜的学生用书。

我应该考虑保险及相关问题吗？

持有一年以上有效居留许可的外国留学生与瑞典公民一样，享有瑞典的全民医疗保险。在开始享用瑞典全民医疗保险之前，首先需要持有一年以上居留许可的留学生到本人住所辖区的税务部门申请居民户籍登记／瑞典居民身份编码。

持有一年以下有效居留许可的外国留学生不享有瑞典全民医疗保险。因此，你需要购买一份可以保证你能在瑞典接受医疗救治的医疗保险，这一点很重要。在瑞典，没有医疗保险的医疗服务有可能非常昂贵，因此留学生拥有一份医疗保险是十分必要的。

如果我在瑞典学习，可以利用学校的各种假期去其他欧洲国家旅行吗？

由于瑞典加入了申根合作，拥有瑞典居留许可的外国留学生无须另行申请签证就能在申根地区内旅行。如果在瑞典学习，你可以利用假期去大部分欧洲国家，体验那里的风土人情。

我必须拥有哪几样文件？

当你计划在瑞典学习的时间超过3个月的时候，首要考虑的问题是你需

要一个瑞典的居留许可。此项许可必须在你来瑞典之前得到获准，并且被签发在你的有效护照内。

大学生在瑞典可以找兼职的工作吗？

拥有瑞典居留许可的外国留学生无须另行申请工作许可。拥有此类

居留许可的人有权在瑞典找工作。

来自其他中国留学生的建议：

加入各类学生联谊会可以帮助你找到新的朋友，并且还有助于你适应和融入新的环境。遇到不明白的问题，要勇于向他人寻求帮助，因为所有的学生都乐于尽自己的力量帮助他人。遇到麻烦的时候你还可以求助于学校里的学生中心（studentk ren）。

你是否知道？

透析机是在瑞典隆德大学发明的。1965年，尼尔斯·奥沃（Nils Alwall）和莱纳特·奥斯特格林（Lennart stergren）需要一部能够替代肾脏功能的机器。结果，他们经过不懈努力发明出的机器，使今天全世界数以百万的肾功能衰竭患者受益，得以享受正常的生活。

学校是否提供瑞典语课程？

瑞典大部分大学都为国际学生提供瑞典语课程。联系学校，咨询一下他们提供什么类型的语言课程，你是否需要在到瑞典之前注册。

去瑞典留学的住宿是什么形式？租房还是学校宿舍？

由于瑞典没有学生宿舍，学生或是租一间房间或是租公寓。瑞典政府不负责解决学生住宿，所以你需要联系所选大学，咨询如何解决住宿问题。

除了联系大学的国际学生办公室和学生会之外，也可直接联系提供学生住房的公司。多家提供学生住房的协会和公司共同建立了一个网站（英文网站），帮助学生找到当地提供住房

的公司。你也可以从私人房东那里租公寓,虽然这样比较昂贵,对部分学生来说也是可行之选。几个学生合租一套大一点的公寓也是比较常见的。

如果我想在瑞典开车,需要考瑞典的驾照吗?

你可以持中国驾照在瑞典驾驶一年（从你到达瑞典开始之日起计算）。

瑞典有唐人街吗?

没有,但是在所有较大规模的城市和大部分小镇,都能找到中国食品店和中餐馆。

瑞典接受雅思还是托福成绩?

托福和雅思成绩都可以。

在中国可以直接用人民币兑换瑞典克朗吗?

可以,更多详细讯息请致电当地中国银行。你也可以在瑞典的外汇交易市场或交易所等处将人民币兑换成瑞典克朗。

瑞典学费改革对中国申请者的影响及其应对

在瑞典对非欧盟学生收取学费的第一年,历史悠久的隆德大学似乎并没有受到新政策的太大影响,继续稳坐最受硕士项目国际申请者欢迎的瑞典大学的宝座。在申请2011学年秋季入学的人中,超过20%的国际申请者将隆德作为自己硕士学习的第一选择。而去年,这个比重是16%。

它的本科与研究生项目对中国学生有哪些吸引力?与其他瑞典

院校相比，它们又有哪些优势呢？隆德大学协调国际招生事务的乔纳森·冈纳森先生谈到瑞典的学费改革对隆德大学的影响，以及学校为中国学生提供的学习、研究、奖学金和实习机会等情况。

学费改革后中国学生的申请情况：2011年是瑞典学费改革的第一年。在瑞典大学普遍遭遇预期中的国际申请数量下降的时候，隆德大学却依然收到344个交了申请费的中国学生的硕士项目申请，占该校收到的同类型国际学生申请总数的16.4%。

对此，冈纳森先生表示："我们非常高兴，今年，我们确实收到了大量中国学生的申请。"而且，"实际上，还可能有更多的中国学生申请了（隆德）并缴纳了申请费。但是，我们的数字只显示申请者本科就读的国家。"而在中国申请者中，最热门的专业是经济／管理类和工科。

学费政策：隆德大学大多数硕士项目的学费是一年10500－15000欧元。一般而言，工科的学费比文科稍高。与其他瑞典大学一样，隆德对于博士生不收取学费。

至于本科学习，学校目前有一个全英语授课的发展学项目，学费是一年9500欧元。

奖学金：隆德大学专门为来自非欧盟国家的优秀学生提供隆德大学全球奖学金。申请本科或硕士项目的中国学生可以在网上申请这个奖学金。奖学金将免去获奖者的部分或全部学费，但并不提供生活费。最终获奖名单由各院系决定。隆德大学为博士生每月提供薪水，就像对待固定雇员一样。

在瑞典的外国学生有望得到六个月求职时间

根据一项新的提案，在瑞典完成大学学业的外国学生可能会被允许在瑞典多停留六个月，以供求职所用。

这项提案是一个政府委员会准备的有关移民问题的多项提案之一，旨在为外国学生在瑞典找工作提供便利。

该提案预计将在近期正式提交给政府。

据瑞典广播电台的消息，2009年共有40000名外国学生在瑞典大学注册，但同一年，仅有500名外国毕业生在获得学位后设法留在瑞典。

该委员会负责人绿党成员Mikaela Valtersson认为，存在这一问题的部分原因是瑞典对学生签证实行着严格的规定。"目前，他们拥有的是临时居留许可。基本上，他们学业一结束，该许可就会马上到期。我们提议，学生应该获准停留更长的时间。"她在接受瑞典广播电台采访时说。

这一新的提案将为毕业生争取额外的六个月时间，以期他们在劳动力市场上找到工作。

霍萨姆·托菲利于2010年从皇家理工学院毕业后，就直接开始工作了。然而，包括他在内，他班上的65名外国学生中只有3人现在还留在瑞典。"我的特殊之处在于，我不需要找工作，但其他人就没这么幸运了。"

托菲利认为，对于这些学生而言，给他们额外六个月的签证在瑞典找工作，将会有很大的不同。"这不仅会让这些学生在毕业前的几个月里有时间专注于学习，而不是到处找工作，而且还会帮助雇主招到那些既接受过瑞典教育又希望留在瑞典的专业人士。"

瑞典大学征收学费的影响和变化

根据瑞典议会2010年4月推出的一项法案，瑞典将对在瑞典接受高等教育的非欧盟、欧洲经济区或非瑞士的国际学生征收学费，这一法案于2011年秋季开始施行。

其实，很早之前就有人提出这一建议，但是一直没有立法。如今这一法案一公布，立即引起了热议。免费的高等教育是瑞典吸引海外学生的重要筹码之一。

2011年，瑞典高等教育委员会的一项调查表明，如果瑞典征收学费，很多学生将不再选择瑞典。目前在瑞典的13000名外国大学生中大多数是学习技术专业的亚洲学生，如果征收学费，他们中将只有37%的人会推荐来瑞典留学，而此前的比例是87%。

面对要收费这一事实，除了学生和家长感受到压力外，瑞典各高校肩上的担子其实是更重的。以前，学校的教学科研经费大部分来自政府，如今政府的投入减少，他们要自谋生路了。根据目前的数据，学校收费标准可以根据自身实际情况而定，一般在12500欧元左右。

像瑞典皇家工学院（KTH），一年学费为145000瑞典克朗，但如果是建筑专业的话，则要245000瑞典克朗。而隆德大学本科生一年

9000欧元,硕士一年10500-15000欧元。这么高的学费收费标准再加上北欧国家高于欧洲平均水平的生活费标准,在瑞典留学将是一笔不小的费用,这无疑将瑞典高等教育推向了与英美同台竞争的境地。

为了吸引优秀的国际学生,瑞典各高校做足了功课。首先是推出了各种奖学金:瑞典对外文化交流委员会(SI)的奖学金(类似国内的国家奖学金);针对不同国家生源的奖学金,例如KTH与中国国家留学基金委合作,专门为申请KTH的光子学(Photonics)、可持续能源工程(Sustainable Energy Engineering)、可持续技术(Sustainable Technology)、系统芯片(System-on-Chip Design)和无线系统(Wireless Systems)这五个专业的中国留学生提供奖学金;伊拉斯谟项目(Erasmus Mundus)提供的面向一些特定专业的奖学金等等。当然,形形色色的奖学金是不少,关键看你是不是够优秀。

除了用奖学金吸引优秀人才外,瑞典各高校还就自己的品牌宣传煞费苦心。比如KTH,选择了四名分别来自中国、印度、巴西和泰国的国际学生在学校英文主页建立博客,讲述自己在KTH和瑞典的学习生活经历,让国外申请者对这里有更直观、生动的了解,同时还可以与他们取得联系,询问自己感兴趣的问题,这无疑拉近了申请者与学校的关系。幸运的是,

现在就是那个中国的blogger,尽管才开始一个月,国内已经有四个有意向的学生联系过我,询问有关申请和专业的问题。还有的学校丰富自己的网站,尤其是英文网站,增加了很多新的内容来增强学校的吸

引力。

瑞典高校还通过教育展览等活动来做自我宣传。欧洲高等教育展览在香港举行,部分瑞典高校设立了自己的展位,与学生和学生家长近距离接触。诸如此类的活动还有不少。

到海外学习是人生的一大步,而学生所面临的目的地选择几乎是无穷无尽的。那么,什么使瑞典从众多国家中脱颖而出呢?

为明天培养技能。瑞典的大学有一种开放的气氛,注重团队工作,你将从中学到有益于将来的宝贵技能。全球就业市场青睐拥有雄心、创新精神和洞察力的团队成员。而瑞典的大学正是通过一种前瞻性的文化培养这些素质,你在这种文化中能接触到最新的观点和趋势。

瑞典的硕士课程为学生提供将理论转化为实践的独特机会。很多专业还与产业界密切合作,向学生们提供将学习与实际工作相结合的机会。当你进入就业市场的时候,这种教育模式就会让你拥有超越其他学生的明显优势。

在上海交通大学2010年世界大学学术排行榜上,瑞典分别有3所和11所大学入选前100名和500名。

充分开发你的潜力。典的大学会鼓励你发现和开发你真正的实力与才能。这里的教育体制以学生为中心,学生与教师之间的关系没有那么正式。作为学生,你可以直呼老师的名字。瑞典大学重视学生个人的主动性和

独立思考能力。你会被要求在课堂、研讨会和小组讨论中积极发言，表达自己的观点和看法。

采取主动和质疑旧有推论让人获益匪浅，特别是从长期来看。这将有助于你开发自己的个人实力，并完善你的学术能力。

体验创新文化。作为世界上最现代的国家之一，瑞典是很多成功的国际性大公司的诞生地。瑞典大学和公司的创新性研究给瑞典带来了大量成功的发明。其中的一些例子包括计算机鼠标、提供因特网移动服务的蓝牙技术、起搏器、滚珠轴承、利乐饮料包装系统、透析设备，以及诸如免费在线音乐实时播放服务和免费因特网通话服务之类的因特网应用软件。

互联网通话是一个很有意思的例子。它由企业家尼克拉于2003年创立。由于其飞快地增长速度，互联网通话的确切用户数量很难估算。但在高峰时段，多达2300万人都同时在线使用互联网通话。

这些新发明是建立在一个长期优秀的学术和研究历史基础之上的。瑞典是享有声望的诺贝尔奖的故乡，并且有非常知名的大学，它们的历史可以追溯到15世纪。

瑞典还拥有许多大型跨国公司，例如电信提供商爱立信、汽车制造公司沃尔沃和斯堪尼亚、家用电器公司伊莱克斯、轴承制造厂商SKF，以及高科技工程集团山特维克和阿特拉斯·科

普柯。根深蒂固的创新环境已经使得瑞典在设计、时装和音乐领域成为一个强国，拥有像家具行业巨头宜家和服装零售商H&M这样的国际知名品牌。瑞典还是全球最大的音乐出口国之一。

去瑞典留学，你需要付申请费和学费吗？

大多数非欧盟/欧洲经济区和非瑞典国家的公民去瑞典留学需要付费。看看你符合下面哪种情况。请顺序查看以下问题。如果你对前一个问题的回答是"否"，那么请接着往下回答后一个问题。

1、你是瑞典公民吗？

是——你不需要付申请费和学费。

2、你是其他北欧国家(丹麦、芬兰、冰岛和挪威)公民吗？

是——你不需要付申请费和学费。但你必须提供能证明自己是欧盟/欧洲经济区成员国公民的文件。

3、你有瑞典永久居留许可吗？

有——你不需要付申请费和学费。

4、你有因非学习事宜而签发的瑞典短期居留许可吗？

有——你不需要付申请费和学费。

5、你的家庭成员是除瑞典以外的欧盟/欧洲经济区成员国的公民，并且他/她有瑞典短期/永久居留权吗？

是——你很可能不需要付申请费和学费。

6、你是瑞典公民的家庭成员吗？

是——你很可能不需要付申请费和学费。

7、你正在申请瑞典博士阶段的学习吗？

是——你不需要付申请费和学费。

8、你是欧盟、欧洲经济区成员国或瑞士的公民吗？（请注意，你必须拥有这些国家的公民资格——仅有短期/永久居留许可并不足以免除你的学费。）

是——你不需要付申请费和学费。请注意，你必须提供欧盟/欧洲经济区成员国公民身份的证明。

9、你提交申请的时候，是否已经/即将要注册瑞典的学习课程/项目？

是——由于你的注册生状态，你不需要付申请费。然而，此状态并不能免除你的学费，因此，你可能还是必须付学费。

10、你是在2010年7月1日前开始所注册的课程或项目的吗？

是——你完成这个课程或项目不需要付学费。

11、你是否已经/即将要申请2011年7月1日以后开始的新课程或项目？

是——你必须付这个新课程或项目的学费。

12、你是否在为获得一个学位而攻读多门课程（但并未在某个学位项目中注册）？

是——如果你是2011年7月1日前开始这门/这些课程的，你不需要为此付学费。如果你是2011年7月1日以后开始新课程的，你需要为这门/这些课程付学费。

13、你是否在一所

非瑞典大学注册,并将作为交换生在瑞典作短期学习,而此学习是一个正式留学项目的一部分?

是——你不需要付申请费和学费。

14、如果你对以上所有问题的回答都是"否",那么你很可能需要付申请费和学费。

隆德大学小百科

　　隆德大学的音乐总监帕蒂克·安德森,他曾在丹麦皇家音乐学院就读交响乐团指挥,师从麦克·坦伯尼克和哈伯特·布各斯蒂。他还在瑞典隆德大学就读音乐学,在瑞典马尔默音乐学院就读声乐教学,他同时也是一位作曲家,拥有很多音乐、交响乐和室内乐的作品。

　　西蒙·苏费尔德,毕业于隆德大学马尔默音乐学院作曲和钢琴系,并曾在维也纳音乐和表演大学进修。他一直深受贝多芬风格影响,主要作浪漫而富有戏剧性的序曲。

第四课　隆德大学名人榜——赫尔曼德与菲尔兹奖

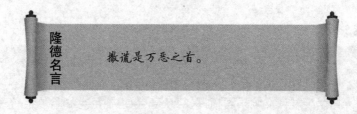

隆德名言

撒谎是万恶之首。

拉尔斯·瓦尔特·赫尔曼德(1931年1月24日—)，瑞典数学家，涉及的研究领域很广，尤其在现代线性偏微分方程有突出贡献。他于1962年获菲尔兹奖，1988年获沃尔夫奖。他的著作《线性偏微分算子分析》被认为是该领域的经典文献。赫尔曼德于1955年在隆德大学获得博士学位，1968年起任该校教授直到1996年退休。

菲尔兹奖

赫尔曼德所编著的《线性偏微分算子分析》是研究"线性偏微分算子"方面的著作。

赫尔曼德于1955年在隆德大学获得博士学位，他在隆德大学任教多年，直至1996年退休。其间他曾经在斯德哥尔摩大学，美国的斯坦福大学和普林斯顿高等研究所等地任教和进行研究。

1987年—1990年间，他曾任国际数学联盟副主席。

1936年开始颁发的菲尔兹奖——数学界的诺贝尔奖。

菲尔兹是以已故的加拿大数学家、教育家J.C.菲尔兹(Fields)的姓氏命名的,中文全名:约翰·查尔斯·菲尔兹。

菲尔茨奖是最著名的世界性数学奖,由于诺贝尔奖没有数学奖,因此也有人将菲尔茨奖誉为数学界的"诺贝尔奖"。

菲尔兹强烈地主张数学发展应是国际性的,他对于数学国际交流的重要性,对于促进北美洲数学的发展都抱有独特的见解并满腔热情地作出了很大的贡献。

为了使北美洲数学迅速发展并赶上欧洲,他第一个在加拿大推进研究生教育,也是他全力筹备并主持了1924年在多伦多召开的国际数学家大会(这是在欧洲之外召开的第一次国际数学家大会)。

正是这次大会使他过分劳累,从此健康状况再也没有好转。但这次大会对于促进北美的数学发展和数学家之间的国际交流,确实产生了深远的影响。当他得知这次大会的经费有结余时,他就萌发了把它作为基金设立一个国际数学奖的念头。

他为此积极奔走于欧美各国,谋求广泛支持,并打算于1932年在苏黎世召开的第九次国际数学家大会上亲自提出建议。但不幸的是未等到大会开幕他就去世了。菲尔兹在去世前立下了遗嘱,他把自己留下的遗产加到上述剩余经费中,由多伦多大学数学系转交给第九次国际数学家大会。大会立即接受了这一建议。

菲尔兹本来要求奖金不要以个人、国家或机构来命名,而用

【菲尔兹奖的地位】

就奖金数目来说与诺贝尔奖奖金相比可以说是微不足道，但它的地位如此崇高原因有三：第一，它是由数学界的国际权威学术团体—国际数学联合会主持，从全世界的一流青年数学家中评定、遴选出来的；第二，它是在每隔四年才召开一次的国际数学家大会上隆重颁发的，且每次一般只有2名获奖者，因此获奖的机会比诺贝尔奖还要少；第三，也是最根本的一条是由于得奖人的出色才干，赢得了国际社会的声誉，他们都是数学天空中升起的灿烂明星，是数学界的精英。

"国际奖金"的名义。但是，参加国际数学家大会的数学家们为了赞许和缅怀菲尔兹的远见卓识、组织才能和他为促进数学事业的国际交流所表现出的无私奉献的伟大精神，一致同意将该奖命名为菲尔兹奖。

菲尔兹奖的一个最大特点是奖励年轻人，只授予40岁以下的数学家，即授予那些能对未来数学发展起到重大作用的人。菲尔兹奖第一位华人获得者是邱成桐。菲尔兹奖是一枚金质奖章和1500美元的奖金。奖章的正面是阿基米德的浮雕头像。就奖金数目来说与诺贝尔奖奖金相比可以说是微不足道，但为什么在人们的心目中，它的地位竟如此崇高呢？

正如20世纪著名数学家外尔，对1954年两位获奖者的评介：他们"所达到的高度是自己未曾想到的"，"自己从未见过这样的明星在数学天空中灿烂升起"，"数学界为你们二位所做的工作感到骄傲"。菲尔兹奖对青年数学家来说是世界上最高的国际数学奖。

菲尔兹奖的授奖仪式，都在每次国际数学家大会开幕式上隆重举行，先由执委会主席（即评委会主席）宣布获奖名单，接着由东道国的重要人物（当地市长、所在国科学院院长甚至国王、总统）或评委会主席或众望所归的著名数学家授予奖章和奖金。最后由一些权威数学家分别、逐一简要评价得奖人的主要数学成就。

菲尔兹奖的设立背景

一年一度令世人瞩目的诺贝尔奖中，只设有物理、化学、生物或医学、文学、和平事业五个类别（1968年又增设了经济学奖），竟然没有数学这个科学之"王"的份额，使得数学这个重要学科失去了在世界上评价其重大成就和表彰其卓越人物的机会。

正是在这种背景下，世界上先后树起了两个国际性的数学大奖：一个是国际数学家联合会主持评定的，在四年召开一次的国际数学家大会上颁发的菲尔兹奖；另一个是由沃尔夫基金会设立的，一年一度的沃尔夫数学奖。

这两个数学大奖的权威性、国际性，以及所享有的荣誉都不亚于诺贝尔奖，因此被世人誉为"数学中的诺贝尔奖"。

菲尔兹奖的发展

第一次菲尔兹奖颁发于1936年，而后每4年一次。当时并没有在世界上引起多大注意。连许多数学专业的大学生也未必知道这个奖，科学杂志也不报道获奖者及其业绩。然而30年以后的情况就完全不一样了。

每次国际数学家大会的召开，从国际上权威性的数学杂志到一般性的数学刊物，都争相报道获奖人物。菲尔兹奖的声誉不断提高，终于被人们确认：对于青年人来说，菲尔兹奖是国际上最高的数学奖。

菲尔兹奖章的设计

奖章由加拿大雕塑家罗伯特·泰特·

麦肯齐设计。正面有古希腊科学家阿基米德右侧头像。在头像旁刻上希腊文"ΑΡΧΙΜΗΔΟΥΣ",意思为"阿基米德的(头像)"。又刻上作者名字缩写RTM,和设计年份的罗马数字MCNXXXIII(1933年,第二个M字以N代替),还有一句拉丁文"TRANSIRE SUUM PECTUS MUNDOQUE POTIRI",意为"超越他的心灵,掌握世界",出自罗马诗人马尔库斯·马尼利乌斯(Marcus Manilius)的著作《天文学》(Astronomica)卷四第392行。句中"suum"(他的)原文作"tuum"(你的)。

奖章背面刻有拉丁文"CONGREGATI EX TOTO ORBE MATHEMATICI OB SCRIPTA INSIGNIA TRIBUERE",意为"聚集自全球的数学家,为了杰出著作颁发(奖项)"。背景为阿基米德的球体嵌进圆柱体内。

颁奖典礼上的事

(1)1966年亚历山大·格罗滕迪克抵制于莫斯科举行的他的菲尔兹奖典颁奖礼,以抗议苏联在东欧的军事行动。

(2)1978年格列戈里·亚历山德罗维奇·马尔古利斯受到苏联政府的限制,不能前往温哥华领奖。雅克·蒂茨代他领奖,并致辞:我很遗憾马尔古利斯缺席这届大会,相信很多人也一样。我只从他的工作认识他,然而从这城市的象征意义来看,我的确有理由希望最终可以会见这位我最尊敬和仰慕的数学家。

(3)本来在1982年于波兰华沙举行的大会,因为政局不稳定要延迟一年举行。得奖名单于那年较早时的国际数学联盟第九届会议宣布,1983年

华沙大会颁发。

（4）1998年，安德鲁·怀尔斯由菲尔兹奖委员会主席尤里·马宁颁发第一个国际数学联盟银奖，以表扬他证明费马大定理。

（5）2006年因证明庞加莱猜想获得菲尔兹奖的格里戈里·佩雷尔曼拒绝领奖，并且缺席大会。

菲尔兹奖的趣闻

1.同财大气粗的诺贝尔奖相比，菲尔兹奖显得未免有些寒酸，菲尔兹奖与诺贝尔奖的差别绝不仅在于奖金的多少。数学界中有一个流传颇广的传言，说是诺贝尔与当时瑞典著名数学家米塔格·莱夫勒(Mittag-Leffler)因为争夺某一女子而失和，为防止莱夫勒获取自己设立的奖项，诺贝尔故意将被誉为"科学的皇后"的数学排斥于诺贝尔奖之外。据说与莱夫勒保有"持久的友谊"的菲尔兹设立"菲尔兹奖"的一部分意图就是为好友伸张正义，为数学家设立一个与诺贝尔奖对立的奖。

2.关于菲尔兹奖和诺贝尔奖的另一个有趣比较是在年龄方面。虽然纳什绝对是24届国际数学家大会最引人注目的人物，但作为数学家，他从未获过菲尔兹茨奖。从1936年设立之日起，菲尔兹奖对于获奖者的要求中就有一条不成文的规定：所有得主年龄不超过40岁。而尽管诺贝尔奖评审委员会对年龄从未作过规定，迄今为止却没有一位诺贝尔经济学奖的得主年龄在40岁以下。因此，数学界又流传着另一种说法：你是一个很想获大奖的年轻数学家吗？如果

到了40岁还没有拿到菲尔兹奖,不如转行学经济学,争取拿诺贝尔奖吧!

3.格里戈里·佩雷尔曼拒绝领奖。2006年8月22日,在西班牙马德里,当西班牙国王卡洛斯一世在3000名世界一流的数学家面前颁发菲尔兹奖章时,获奖者格里戈里·佩雷尔曼在巨大的荣誉面前缺席了。

格里戈里·佩雷尔曼,这名40岁的俄罗斯圣彼得堡数学奇人并不是第一次拒绝荣誉和奖项。1995年,他拒绝斯坦福大学等一批美国著名学府的邀请。1996年,他拒绝接受欧洲数学学会颁发的杰出青年数学家奖。

"我想他是一个非传统的人。他很讨厌被卷入各种浮华和偶像崇拜。"哈佛大学的Arthur Jaffe说。除了拒绝学术荣誉,佩雷尔曼似乎对金钱也不感兴趣。

关于菲尔兹

J.C.菲尔兹1863年5月14日生于加拿大渥太华。曾任美国阿勒格尼大

学和加拿大多伦多大学教授。他11岁丧父,18岁丧母,家境不算太好。

J.C. 菲尔兹17岁进入多伦多大学攻读数学,24岁时在美国的约翰·霍普金斯大学获博士学位,26任美国阿勒格尼大学教授。1892年他到巴黎、柏林学习和工作,1902年回国后执教于多伦多大学。

J.C.菲尔兹于1907年当选为加拿大皇家学会会员。他还被选为英国皇家学会、苏联科学院等许多科学团体的成员。

隆德大学小百科

　　2011年9月21日,瑞典隆德大学可持续设计年度会议"城市水源与城市形态"举行,北京大学建筑学院院士,首席设计师俞孔坚教授出席并发表了题为"中国城市水源问题应对策略"的演讲。

　　"水资源遍布全球,却又宝贵稀缺;水使人获得基本的养分供给,却又能给人们带来致命灾害;浪费水资源向来被人反对。"上述观点及其他想法在热烈的讨论中激荡,会议上,安德森·约翰始终坚持可持续发展。来自英国的克里斯汀·威尔顿主持了会议,他说:水是我们赖以生存的资源。水的获取,管理和分配对于我们的生活来说是至关重要的。

第四章　瑞典隆德大学高等教育

　　隆德大学发展到今天,已成为一个高等教育与科学研究的现代中心。目前,隆德大学无论在瑞典国内还是在国际上都处于领先地位。

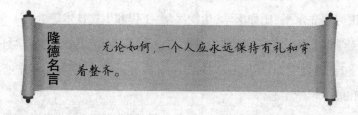

第一课　瑞典高等教育

隆德名言

　　无论如何，一个人应永远保持有礼和穿着整齐。

　　瑞典高等教育分为高等基础教育和研究生教育两个阶段。高等基础教育文凭分为两类：一类是普通大学文凭，包括：高等学历文凭，学制2年；学士学位，学制3年；硕士学位，学制4年。另一类是高等专业文凭，学制视专业而定（2-5年不等）。

　　瑞典的研究生教育即博士生教育。一般情况博士生阶段教育学制4年，以从事科研为主并撰写博士论文，通过公开答辩后方可获得博士学位。瑞典高校授课语言是瑞典语，但许多必修课使用的是英文课本，学生要阅读的文献也常常是英语。

　　瑞典高等教育由本科教育、辅助和高级研究、研究培训组成。高等基础教育提供标准形式的学习项目和课程。分为本科学习和研究生学习与研究两个阶段。瑞典所有高校都实行学分制。一周的全日制学习得到一个相应的学分。一学期的全日制课程为20个学分，专业学习由80—220个学分组成。全日制学习期限从2年到5年不等。一个课程包括5—20个学分，一个专业构成的课程学分最高为80个学分。

隆德大学是目前瑞典最大的集高等教育与科学研究为一体的学术机构。

该大学现有在校学生35000多名,其中30000多名是本科生,3000多名研究生。7000多名教职员工中有半数是教师和研究人员。

隆德大学现有9个主要领域,它们是工程技术(在工学院内)、数学和自然科学、法学、社会科学、医学院、牙医学院(在口腔健康中心内)、师范教育(在教育学院内)、人文科学和神学,以及艺术、音乐、戏剧学院。隆德大学设有60多个教育科目和750多门独立课程。隆德大学在一些科研领域处于国际领先水平,比如医学,生物医学、工程和生物技术等。

工学院是该大学9个领域中最大的一个。它有相当数量的跨学科研究中心,包括燃烧中心、环境测试技术中心、高分子中心、康复工程中心以及表面和胶体科学中心等。

激光物理是隆德大学工学院正在发展的研究领域。北欧功率最大的激光器建在这里。自动控制和半导体研究是隆德大学工学院在国际上享有盛名的另外两个领域。

化学中心是隆德大学最大的部门,也是北欧最大的化学研究集中体。

它的研究方向广泛,包括生物化学、生物技术、材料和能源工程以及食品科学等。

隆德大学数学和自然科学学院的工作,高度集中在研究方面。学院是MAX(马克斯)实验室的基地,是瑞典国家实验室之一。这是瑞典规划的最先进的工程科学项目之一。

环境科学是隆德大学的一个重点学科，目前正在进行的与环境相关的研究项目有400多个。1994年间建立的国际工业环境经济研究所，是欧洲最大的从事生态研究的机构。

人文学院分历史哲学部和语言部。瑞典大学生对中国文化和汉语怀有浓厚的兴趣。目前，电脑化的《汉瑞词典》的编撰工作已经进入最后阶段。

隆德大学建立了一个专门机构负责协调与产业界合作问题，它的主要任务是向产生新设想的公司或欲向学术界寻找他们所需求的科研能力的公司提供便利。隆德大学还创立一个特别的公司，与北欧最大的科技院—易得用合作，改善与开发良好的研究设想，并投入商业应用。

教育体制:实行9年一贯制义务免费教育。著名高校有隆德大学、斯德哥尔摩大学、乌普萨拉大学、查尔姆斯理工大学、瑞典皇家工学院等。

瑞典人尊重孩子的最突出表现是：从不在人前教子。瑞典人普遍认为，孩子也有自尊心。父母在任何情况下，都要尊重孩子的自尊，保护孩子的"面子"。这对培养他们的自信是一种捷径和重要途径。瑞典父母尊重孩子的教育方法，收到了立竿见影的效果。在瑞典，我们看到，孩子们待人接物热情大方,彬彬有礼，遇事不慌，总能开动脑筋想出办法，具有鲜明的独创精神，而且从不"怯场"。这是瑞典父母长期"尊重教育"的结果。

瑞典父母"尊重教育"的"理论根由"是18世纪英国著名哲学家、

思想家、教育家约翰·洛克的一句名言："父母越不宣扬子女的过错,则子女对自己的名誉就越看重,因而会更小心地维护别人对自己的好评。若父母当众宣布他们的过失,使他们无地自容,他们越觉得自己的名誉已受到打击,维护自己名誉的心思也就越淡薄。"

科研较发达。全国科研力量主要集中在国家资助的全国各级高校、专业研究所、皇家科学院和工程院以及企业资助的下属研发部门。科研开发投入逐年增加,每年开展研发项目约5000多个。

隆德大学小百科

2011年12月6日,隆德大学教授罗尔福·约翰森应邀来到滨洲学院,在学苑会堂200人报告厅作了题为"机器人工作空间传感器融合与控制"的学术报告。

报告中,约翰森从瑞典隆德大学科学实验机器人入手,结合相关专业资料片,深入论述了现代工业机器人设计和制造过程中需要解决的问题,以及机器人工作空间的感测和控制的传统方法,多传感器信息融合技术,并介绍了对不具备力传感器机器人进行力控制的方法。

第二课　隆德大学专科护士教育

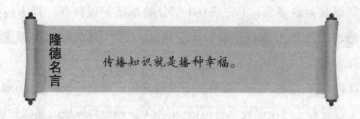

隆德名言

传播知识就是播种幸福。

根据2004年美国专科护士协会的定义，临床专科护士是指具有博士或硕士学位的注册护士，有丰富的临床实践经验且精通某临床专科特殊领域的知识和技能,并有较高护理水平者。

概况

隆德大学的护理学院隶属于医学院,主要开展护理教学(包括专科护士教育)和护理科研。隆德大学的护理教育主要分为基础护理教育和专科护理教育。隆德大学的专科护士教育始于1985年,最初仅提供助产士等3个类别的专科护士培训课程, 至2008年底已经发展到12个类别的专科护士培训课程,是瑞典南部最大的专科护士培训基地。

隆德大学的专科护士教育

培养目标：隆德大学的专科护理教育目标在于培养专科型的护理人

才,能够更好地胜任当前及未来的各项护理工作,不仅在国内领域甚至在国际领域。

学习周期和学分:隆德大学的专科护士教育中,除学习周期助产士为1年半外,其余均为1年。每位专科护士教育课程均有学分要求,1周的学习等于1.5个学分,具体为救护车护士60学分、麻醉护士60学分、助产士90学分、初级保健护士(又称社区护士)75学分、重症监护护士60学分、内科护士60学分、外科护士60学分、手术室护士60学分、肿瘤科护士60学分、精神科护士60学分、儿科护士60学分、老年科护士60学分。

学员入学要求:专科护士课程每批招20～30位学员,申请人员资格必须满足两点要求:①完成180学分的基础护理教育,其中包括15学分的护理论文,并取得注册护士资格;②至少1年的临床护理注册护士工作经验。

课程内容:隆德大学的专科护士课程选用全国统一教材,分为理论课程和实践课程。理论课程主要包括:①相关护理专科领域的基础知识,了解本专科的最新护理研究和进展。②实践操作与专业科学知识之间的联系。③医疗工作中涉及的组织、管理和协调方面的知识。

实践课程主要包括针对专科内容的:①健康评估,制订护理计划;②护理措施的实施和评价;③实施和评价健康促进和预防工作;④结合所学的专业知识评估、分析和处

理临床的复杂和疑难病例;⑤护理体检;⑥健康教育。

教学结构:隆德大学的专科护理教学注重对学员实践能力的培养和角色的转变。因此,临床实践占有很大比重。在整个专科护理的60学分学习过程中,理论学习占34.5学分,临床实践占18学分,护理论文占7.5学分。

教学方式

隆德大学的专科护理教育,采取以学生为主的启发式教学并辅以小组讨论的开放型教学方式。老师讲解某一疾病的知识,然后将全体学员分为8~10人/组,每组1个该疾病的临床实例。学员以小组为单位进行讨论,共同完成1份病例报告,内容包括:①背景(已知的病情相关资料);②护理问题;③导致这些护理问题发生的原因或可能原因;④转归(如果不采取护理措施的后果);⑤需要进一步采集的病例信息;⑥护理措施及相关涉及人员(谁来做,做什么);⑦预期的护理效果;⑧涉及的伦理原则;⑨相关法律法规;⑩社会因素和经济因素,学习目标。病例报告完成后老师组织每个小组进行病例报告的陈述,陈述可采取幻灯片、Powerpoint、板书等多种形式,每位学员负责陈述病例报告中的一部分内容。陈述结束后,老师和学员就病例陈述的内容展开进一步讨论,对内容进行补充和完善。加深和巩固所学的理论知识,同时培养学员的表达能力和团体协作精神。

考核：隆德大学专科护士教学的考核包括病例报告、临床实践和护理论文，同时结合学习过程的出勤情况。学员必须修满规定的60学分(助产士为90学分)，才能获得相应的专科护士资格。瑞典大部分专科采取准入制度，只有取得专科护士资格的护理人员才能在相关专科从事护理活动。

教学质量的评估和反馈：每门课程结束后，护理系负责教学的人员会组织全部学员对授课老师采取无记名方式进行评估。主要围绕老师对课程的准备程度、对授课内容的熟悉程度、授课的形式是否明确易懂、授课内容的难易程度、授课时间的安排、对学生能力的引导和培养等方面进行评估。评估由该部门人员进行汇总，向授课老师进行反馈，同时上报系主任并存档，作为年终考核聘任的指标之一。通过此方法使得教学质量得到不断改善和提升。

启示与思考：我国的专科护士教育尚处于起步阶段。研究显示：目前在国内实施临床专科护士制度的医院，专科护士的学历以大专为多，占52.38%，中专28.75%，本科19.05%。与美国纽约州的CNS学历比较有很大差异。瑞典隆德大学护理学院的专科护士教育在很多方面值得我们借鉴。

学员入学资格：我国现阶段的专科护士教育的入学要求相对较高，除要求护理学专业专科或以上学历、具有注册护士执业资格外，对工作年限有严格要求。江苏省2009年专科护士培训，要求学员主管护师8年以上，护师15年以上，有专科工作经验2～3年。

中山大学护理学院2008年ICU专科护

理班,要求学员应具有5年以上临床工作经验,其中2年以上ICU专科护理经验。在我国专科护士培训还处起步阶段的情况下,应实行专科护士的准入制度,即只有取得专科护士资格才能在相关专科从事临床护理工作。

同时降低对专科护士培养的入学要求,使更多的护士有机会得到专科护理的教育和培训,从而使我国专科护理的整体水平得到提高。在专科护理水平整体提高的基础上,进行专家型专科护理人员的培养。这样,一方面,能监督和指导其他专科护理人员的工作,协助解决疑难护理问题,保证日常专科护理的质量;另一方面,也能进行临床经验的总结,开展护理科研,从而促进专科护理水平不断向深层次发展。

教学内容的选择:目前,我国的专科护士培训没有标准化和规范化的培训教材,教学内容主要由各教学基地自行选择,加上各个教学基地间医疗和教学能力的差别,导致各基地培养出来的专科护士水平参差不齐。

在专科护士培训课程的内容选择上,可参照瑞典等发达国家的专科护士培训内容。并结合我国护理人员的水平和临床专科护理工作的实际要求,制订出一套标准化的具有国际先进水平、切合我国国情的专科护士培训教材。

同时注意增加临床实践在培训课程中的比重,改变以往先理论后实践的培训方式。将临床实践穿插到专科理论知识的教学中,理论与实践相结合,从而加深学员对理论知识的掌握程度,同时加强专科的实践能力。

教学模式:我国现有专科护士教育模式仍以教师为主导,学员以被动接受教育为主,存在较多弊端。因此,在教学模式上可参考瑞典隆德大学的做法,采用以

临床实例为基础的小组讨论的方式,以教师为主导、学员为主体,引导学员发现问题和解决问题,提高学员的实践应变能力和团结协作能力。

教学质量的反馈:在专科护士教学质量的反馈上,除了对学员的学习进行考核外,可增加学员对理论及实践课程的内容、形式、时间安排等方面评价的内容,建立双向评价和反馈机制,共同促进教学质量的提高。

总之,我国的专科护士教育既面临机遇,又面临挑战,只有借鉴其他国家在专科护理发展领域的先进经验,才能缩短与发达国家之间的差距,促进我国专科护理教育水平的不断提升。

隆德大学小百科

2009 年 9 月 7 日,中国环境规划院陆军副院长会见了来自隆德大学的贝里·尼古尔教授等十位客人。陆院长首先向来宾致欢迎词,并介绍了生态保护部环境规划院的基本情况、重点研究领域和主要成果,贝里·尼古尔教授介绍了隆德大学情况以及在气候变化方面的研究项目,之后双方进行了专题交流。隆德大学的贝里·尼古尔教授和皮尔·本特森副教授分别做了"温带地区森林的可持续发展"和"生物体与非生物对土壤与营养物质循环的控制研究成果"两个专题发言。

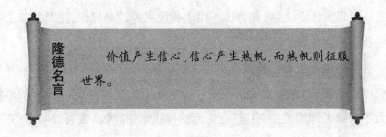

隆德大学

LONG DE DA XUE

第三课　乔布斯在隆德大学的演讲

隆德名言

价值产生信心，信心产生热帆，而热帆则征服世界。

今天，我荣幸来到世界上最好的学校之一的毕业典礼上。我从来没从大学毕业。说实话，这是我离大学毕业最近的一刻。今天，我只说三个故事，不谈大道理，三个故事就好。

第一个故事:关于人生中的点点滴滴是怎么串联在一起的。

我在里德学院(Reed college)待了六个月就休学了。到我退学前，一共休学18个月。那么，我为什么休学?

这得从我出生前讲起。我的亲生母亲当时是个研究生，年轻未婚妈妈。她决定让别人收养我。她强烈觉得应该让有大学毕业的人收养我，所以我出生时，她就准备让我被一对律师夫妇收养。但是这对夫妻到了最后一刻反悔了，他们想收养女孩。所以在等待收养名单上的一对夫妻，我的养父母，在一天半夜里接到一通电话，问他们"有一名意外出生的男孩，你们要认养他吗?"而他们的回答是"当然要"。后来，我的生母发现，我现在的妈妈从来没有大学毕业，我现在的爸爸则连高中毕业也没有。她拒绝在认养文件上做最后签字。直到几个月后，我的养父母同意将来一定会让我上大学，她才软化态度。

17年后，我上大学了。但是当时我无知选了一所学费几乎跟史丹佛一样贵的大学。我那工人阶级的父母几乎所有积蓄都花在了我的学费上。6个月后，我看不出念这个书的价值何在。那时候，我不知道这辈子要干什么，也不知道念大学能对我有什么帮助，而且我为了念这个书，花光了我父母这辈子的所有积蓄，所以我决定休学，相信船到桥头自会直。当时这个决定看来相当可怕，可是现在看来，那是我这辈子做过最好的决定之一。当我休学之后，我再也不用上我没兴趣的必修课，把时间拿去听那些我有兴趣的课。

这一点也不浪漫。我没有宿舍，所以我睡在友人家里的地板上，靠着回收可乐空罐的5先令退费买吃的，每个星期天晚上得走3.5公里的路绕过大半个镇去印度教的 哈里·克里西纳神庙吃顿好饭。我喜欢哈里·克里西纳神庙的好料。追寻我的好奇与直觉，我所驻足的大部分事物，后来看来都成了无价之宝。举例来说：

当时里德学院有着大概是全国最好的书法指导。在整个校园内的每一张海报上，每个抽屉的标签上，都有美丽的手写字。因为我休学了，可以不照正常选课程序来，所以我跑去学书法。我学会了"衬线"与"山衬线"这

两个词，学到在不同字母组合间变更字间距，学到活版印刷伟大的地方。书法的美好、历史感与艺术感是科学所无法捕捉的。我觉得那很迷人。

我没预期过学的这些东西能在我生活中起些什么实际作用。不过10年后，当我在设计第一台麦金塔时，我想起

了当时所学的东西,所以把这些东西都设计进了麦金塔里。这是第一台能印刷出漂亮东西的计算机。如果我没沉溺于那样一门课里,麦金塔可能就不会有多重字体与变间距字体了。又因为Windows抄袭了麦金塔的使用方式,如果当年我没这样做,大概世界上所有的个人计算机都不会有这些东西,印不出现在我们看到的漂亮的字来了。当然,当我还在大学里时,不可能把这些点点滴滴预先串在一起。但是这在10年后回顾,就显得非常清楚。

我再说一次,你不能预先把点点滴滴串在一起;唯有未来回顾时,你才会明白那些点点滴滴是如何串在一起的。所以你得相信,你现在所体会的东西,将来多少会连接在一块的。你得信任某个东西,直觉也好,命运也好,生命也好,或者业力。这种做法从来没让我失望,也让我的人生整个不同起来。

我的第二个故事:有关爱与失去。

我好运——年轻时就发现自己爱做什么事。我20岁时,跟史帝夫·沃兹尼亚克在我爸妈的车库里开始了苹果计算机的事业。我们拼命工作,苹果计算机在10年间从一间车库里的两个小伙子扩展成了一家员工超过4000人、市价20亿美金的公司,在那之前一年推出了我们最棒的作品—麦金塔,而我才刚迈入人生的第30个年头,然后被炒鱿鱼。要怎么让自己创办的公司炒自己鱿鱼?好吧,当苹果计算机成长后,我请了一个我以为他在经营公司上很有才干的家伙来。他在头几年也确实干得不错。可是我们对未来的

愿景不同,最后只好分道扬镳;董事会站在他那边,炒了我鱿鱼,公开把我请了出去。曾经是我整个成年生活重心的东西不见了,令我不知所措。

有几个月,我实在不知道要干什么好。我觉得我令企业界的前辈们失望——我把他们交给我的接力棒弄丢了。我见了创办鬼普公司的戴维·帕卡德跟创英特尔公司的鲍勃·诺尔斯,跟他们说,我很抱歉,把事情搞砸了。我成了公众的负面示范,我甚至想要离开硅谷。但是渐渐的,我发现,我还是喜爱着我做过的事情;在苹果的日子经历的事件没有丝毫改变我爱做的事。我被否定了,可是我还是爱做那些事情,所以我决定从头来过。

当时我没发现,但是现在看来,被苹果计算机开除,是我所经历过最好的事情。成功的沉重被从头来过的轻松所取代,每件事情都不那么确定,让我自由进入这辈子最有创意的年代。

接下来5年,我开了一家叫作"尼克斯特"的公司,又开一家叫作皮克斯的公司,也跟后来的老婆谈起了恋爱。皮克斯接着制作了世界上第一部全计算机动画电影,玩具总动员,现在是世界上最成功的动画制作公司。然后,苹果计算机买下了"尼克斯特"。我回到了苹果,我们在"尼克斯特"

发展的技术成了苹果计算机后来复兴的核心。我也有了个美妙的家庭。

我很确定,如果当年苹果计算机没开除我,就不会发生这些事情。这帖药很苦,可是我想苹果计算机这个病人需要这帖药。有时候,人生会用砖头打你的头。不要丧失信心。我确信,我爱我所做的事情,这就是这些年来让我继续走下去的唯一理由。你得找出你爱的,工作上是如此,对情人也是如此。你的工作将填满你的一大块人生,唯一获得真正满足的方法就是做你相信是伟大的工作,而唯一做伟大工作的方法是爱你所做的事。如果你还没找到这些事，继续找，别停顿。尽你全心全力，你知道你一定会找到的。而且，如同任何伟大的关系，事情只会随着时间的推进愈来愈好。所以，在你找到之前，继续找，别停顿。

我的第三个故事：关于死亡。

当我17岁时，我读到一则格言，好像是："把每一天都当成生命中的最后一天，你就会轻松自在。"这对我影响深远，在过去33年里，我每天早上都会照镜子，自问："如果今天是此生最后一日，我今天要干些什么？"每当我连续太多天都得到一个"没事做"的答案时，我就知道我必须有所变革了。

提醒自己快死了，是我在人生中下重大决定时所用过的最重要的工具。因为几乎每件事—所有外界期望、所有名誉、所有对困窘或失败的恐惧—在面对死亡时，都消失了，只有最重要的东西才会留下来。提醒自己快死了，是我所知避免掉入自己有东西要失去了的陷阱里最好的方法。人生不带来，死不带去，没什么道理不顺心而为。

一年前，我被诊断出癌症。我在早上七点半作断层扫描，在胰脏清楚出现一个肿瘤。我连胰脏是什么都不知道。医生告诉我，那几乎可以确定是一种不治之症，我大概活不到三到六个月了。医生建议我回家，好好跟亲人们聚一聚，这是医生对临终病人的标准建议。那代表你得试着在几个月内把你将来十年想跟小孩讲的话讲完。那代表你得把每件事情搞定，家人才会尽量轻松。那代表你得跟人说再见了。

我整天想着那个诊断结果。那天晚上做了一次切片，从喉咙伸入一个内视镜，从胃进肠子，插了根针进胰脏，取了一些肿瘤细胞出来。我打了镇静剂，

不省人事，但是我老婆在场。她后来跟我说，当医生们用显微镜看过那些细胞后，他们都哭了，因为那是非常少见的一种胰脏癌，可以用手术治好。所以我接受了手术，康复了。

这是我最接近死亡的时候。我希望那会继续是未来几十年内最接近的一次。经历此事后，我可以比之前死亡只是抽象概念时要更肯定告诉你们下面这些：没有人想死。即使那些想上天堂的人，也想活着上天堂。但是死亡是我们共有的目的地，没有人逃得过。这是注定的，因为死亡简直就是生命中最棒的发明，是生命变化的媒介，送走老人们，给新生代留下空间。现在你们是新生代，但是不久的将来，你们也会逐渐变老，被送出人生的舞台。抱歉讲得这么戏剧化，但是这是真的。

你们的时间有限，所以不要浪费时间活在别人的生活里。不要被信条所惑——盲从信条就是活在别人的思考结果里。不要让别人的意见淹没了你内在的心声。最重要的，拥有跟随内心与直觉的勇气，你的内心与直觉多少已经知道你真正想要成为什么样的人。任何其他事物都是次要的。

在我年轻时，有本神奇的杂志叫作《整个地球的目录》，当年我们很迷这本杂志。那是一位住在离这不远的梅洛·帕克和斯蒂瓦特·布朗德发行的，他把杂志办得很有诗意。那是20世纪60年代末期，个人计算机跟桌上出版还没发明，所有内容都是打字机、剪刀跟拍立得相机做出来的。杂志内容有点像印在纸上的谷歌，在谷歌出现之前35年就有了：理想化，充满新奇工具与神奇的注记。

Stewart跟他的出版团队出了好几期《整个地球的目录》，然后出了停刊号。当时是20世纪70年代中期，我正是你们现在这个年龄的时候。在停刊号的封底，有张早晨乡间小路的照片,那种你去爬山时会经过的乡间小路。在照片下有行小字:求知若饥,虚心若愚。

那是他们亲笔写下的告别讯息,我总是以此自我期许。当你们毕业,展开新生活,我也以此期许你们。

谢谢大家。

隆德大学小百科

隆德大学教育集团(简称隆德教育)是隆德大学专门设立的一个机构,可以为那些希望进一步寻求发展以及提高员工素质的企业单位、事业单位和政府机构提供充分的咨询和帮助。隆德教育同时也是隆德大学面向外国政府的一个专门机构,其他国家政府可以通过该机构实现与隆德大学联合办学来提高本国高等教育水平。隆德大学有着与亚洲合作的悠久传统,这种传统在 20 世纪 90 年代和 21 世纪初变得更加充满活力。通过积极开展面向中国的一系列活动,取得的合作成果是非常显著的,其中既包括涉及世界上许多大学的全面国际合作协议,又有与各个合作大学单独签署的各种长期协议和一般协议,还有大量与学院一级合作的协议。

第四课　隆德大学名人榜——林奈

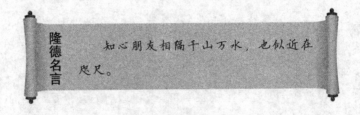

隆德名言　　知心朋友相隔千山万水，也似近在咫尺。

林奈的传奇人生

　　林奈是瑞典植物学家、冒险家，首先构想出定义生物属种的原则，并创造出统一的生物命名系统。17世纪后，随着科学技术的发展，博物学家搜集到大量的动物、植物和化石等标本。在1600年，人们知道了约6000种植物，而仅仅过去了100年，植物学家又发现了12000个新种。到了18世纪，对生物物种进行科学的分类变得极为迫切。林奈正是生活在这一科学发展新时期的一位杰出的代表。

　　林奈1707年生于瑞典。林奈的父亲是一位乡村牧师，他对园艺非常爱好，空闲时精心管理着花园里的花草树木。幼时的林奈，受到父亲的影响，十分喜爱植物，他曾说："这花园与母乳一起激发我对植物不可抑制的热爱。"

8岁时得"小植物学家"的别名。林奈经常将所看到的不认识的植物拿来询问其父,他父亲也——详尽地告诉他。

有时林奈问过父亲以后不能全部记住,而出现重复提问的现象。对此,其父则以"不答复问过的问题"来督促林奈加强记忆,使他的记忆力自幼就得到了良好的锻炼;他所认识的植物种类也越来越多。

在小学和中学,林奈的学业不突出,只是对树木花草有异乎寻常的爱好。他把时间和精力大部分用于到野外去采集植物标本及阅读植物学著作上。

从1727年起,林奈先后进入隆德大学和乌普萨拉大学学习。在大学期间,林奈系统地学习了博物学及采制生物标本的知识和方法。他充分利用大学的图书馆和植物园进行植物学的学习。

1732年,林奈随一个探险队来到瑞典北部拉帕兰地区进行野外考察。在这块方圆7401千米的荒凉地带,他发现了100多种新植物,收集了不少宝贵的资料,调查结果发表在他的《拉帕兰植物志》中。

1735年,林奈周游欧洲各国,并在荷兰取得了医学博士学位。在欧洲各国他结识了那里的一些著名的植物学家和得到了国内所没有的一些植物标本。在国外的3年是林奈一生中最重要的时期,是他学术思想成熟、初露锋芒的阶段。

例如,他的《自然系统》就是在1735年出版的。在此书中,林奈首先提出了以植物的生殖器官进行分类的方法。1738年,林奈回到故乡,回到母校乌普萨拉大学任教,著书立说,直到1778年去世。

从1741年起,他担任植物学教授,潜心研究动植物分类学。在此后的20余年里,共发表了180多种科学论着,特别是1753年发表的《植物种志》

一书,是他历时7年的心血结晶。在这部著作中共收集了5938种植物,用他新创立的"双名命名法"对植物进行统一命名。

林奈的伟大成就

林奈在生物学中最主要的成果,是建立了人为分类体系和双名制命名法。在他看来:"知识的第一步,就是要了解事物本身。这意味着对客观事物要具有确切的理解;通过有条理的分类和确切的命名,我们可以区分开认识客观物体,分类和命名是科学的基础。"

《自然系统》一书是林奈人为分类体系的代表作。在林奈以前,由于没有一个统一的命名法则,各国学者都按自己的一套工作方法命名植物,致使植物学研究困难重重。其困难主要表现在三个方面:一是命名上出现的同物异名、异物同名的混乱现象;二是植物学名冗长;三是语言、文字上的隔阂。

林奈依雄蕊和雌蕊的类型、大小、数量及相互排列等特征,将植物分为24纲、116目、1000多个属和10000多个种。纲、目、属、种的分类概念是林奈的首创。林奈用拉丁文定植物学名,统一了术语,促进了交流。

他采用双名制命名法,即植物的常用名由两部分组成,前者为属名,要求用名词;后者为种名,要求用形容词。例如,银杏树学名为GINKGO BILOBA L.,GIKGO是属名,是名词;biloba是种名,是形容词;第三个字母,则是定名者姓氏的缩写,L为林奈(linne)的缩写。结合命名,林奈规定学名必须简化,以12个字为限,这就使资料清楚,便于整理,有利于交流。

【"林奈年"的来历】

2007年为纪念林奈300周年诞辰,瑞典政府将2007年定为"林奈年",活动主题为"创新、求知、科学",旨在激发青少年对自然科学的兴趣,同时缅怀这位伟大的科学家。

林奈的植物分类方法和双名制被各国生物学家所接受;植物王国的混乱局面也因此被他调理得井然有序。他的工作促进了植物学的发展。林奈是近代植物分类学的奠基人。

林奈能取得这些成就,是因为他对植

物的特殊感情和好学精神，具有广博的经历以及有利的学习、深造条件等，还在于他重视前人的工作，虚心取人之长并加以发展。

如在1729年，林奈读到法国植物学家维朗特著的《花草的结构》一书，受到启发，他根据植物的雌蕊和雄蕊的数目进行植物分类。再如，古希腊时的亚里士多德建立的动、植物命名法规已经具有双名制的萌芽，只是到了林奈才将双名制完善和推广。

林奈的最大功绩是把前人的全部动植物知识系统化，摒弃了人为的按时间顺序的分类法，选择了自然分类方法。他创造性地提出双名命名法，包括了8800多个种，可以说达到了"无所不包"的程度，被人们称为万有分类法。这一伟大成就使林奈成为18世纪最杰出的科学家之一。

林奈对"生物分类学"的研究

分类学家认为分类学的发展可分为两个时期：林奈以前的时期，人为地根据植物的用途或一个至几个明显的形态特征进行描述分类，称为人为分类；林奈以后的时期，依据最能反映不同植物类群之间亲缘关系和系统演化的主要性状进行分类，称为自然分类。通过长期不懈的努力，至今对自然界已知物种数目的统计约在140万～180万种，其中每个类群已被记录的数目与估计数目都有一定差距。

已被鉴定和描述的物种大多数为昆虫和高等植物，大量的昆虫、蜘蛛、线虫、藻类、细菌、病毒和真菌尚未被描述，而且定名种的最终数目可能达到500万种或更多。

研究生物学所涉及的首要问题，在于正确阐明每一种被研究对象的系统位置，明确它与其他物种的亲缘关系。经典分类学以植物体的形态特征，尤其是花部的特征为分类基础，所获得的上述结果不仅局限于鉴定物种，确定其等级，建成分类系统，而且还用于研究植物种间亲缘关系及整个生物界系统发育的演化过程，使人们对分类学的概念从静态的创造论转变为动态的进化论。

在宏观植物学领域,分类学不仅建立起一个个植物自然进化系统,还一直活跃在生态系统学研究领域,如今已经应用于关注生物丰富度的生物多样性研究,鉴定大量从野外采集的物种标本,实现对群落生态学的研究,阐述环境变化与植物之间的相互关系。试想没有明确的物种基础知识,这些相关研究会处在何等窘迫的状态!

生物分类的习惯是根据个别的模式标本作为种的鉴定,因而把个体当作基本的分类单位。1940年代赫胥黎在他的《新系统学》中,以种群分类概念代替模式分类概念,使分类学除用形态特征作为分类性状外,还引入了生态、行为、生理、生化、地理等方面的资料作为分类依据,以生物学概念替代纯形态概念。

1963年斯尼兹和索卡尔联合出版《数值分类学原理》,提出用数学方法来划分种和高级阶元。对所研究的生物类群的许多性状加以数值化,再用计算机运算、对比和统计分析,根据它们之间的相似程度来分类。

隆德大学小百科

隆德大学与世界上的许多大学、大学网络以及研究机构进行合作。隆德大学是世界上10个国家的17所著名大学组成的大学网络U21在北欧的唯一成员。隆德大学还是哥本哈根、马尔默和隆德的12所大学所组成的厄尔松大学的成员。与发达国家和发展中国家的大学进行的教师和研究人员的广泛交流,使隆德大学更加真正做到了国际化。隆德大学接受交换计划和个人身份的外国留学生。有12种国际硕士课程都用英文授课,硕士课程毕业后可授予瑞典的硕士(Magister)学位。

后　记

　　本丛书是根据世界著名大学文化教育长期思考研究编辑而成，它代表着我的一份独立思考，更代表着我的一份紧张和不安。

　　我知道书是写给别人看的，且不说怎样去影响别人、打动别人，起码得让人饶有兴致地读下去吧。我试图从新的视角，新的写作方式，尽可能全面准确地把握写作主题，让读者从世界著名的20所高等学府中获取知识，从而提高自身的文化素质，学习思考问题和学术研究的新方法。在文化交流中，读者能够从本丛书中了解到世界著名大学的文化教育思想，同时可以学习借鉴这些大学教育经验的有效做法和成功经验。我知道，想到了未必能做到，更未必能做得好。这是个大问题，就算不能够起到抛砖引玉的效果、但是在编写过程中我还是做了大胆的尝试，希望读者们可以在阅读的过程中有所收获，有所启发。

　　本着这样的想法和初衷，经过长期的准备和编写，书稿业已完成。大学是人才荟萃、知识丰富和精神自由的地方，在大学里，每个大学生的人生都会因为环境而发生重大的转折和改变，这也是人生获取能量、积累资源最重要的时期。因此，大学生在校期间应该兼收并蓄，广泛寻求与老师、同学、校友之间的互动交流机会，从而既可获得一面立体的"镜子"，清晰地认清自己，又能获得各类精神营养的滋润，让自己拥有领袖的气质。

　　大学是未来领袖的摇篮，是天才的渊薮，也是一个人在走向社会之前的自我磨练的地方。在这样一个思想极度开放自由的地方，作为大学生必然会遇到各种各样的问题。在这套丛书中，我们不仅介绍各所世界名校的

发展历程、研究成果，同时我们还介绍了这些高等学府的知名校友，青少年在阅读时会从那些名人的生平事迹中有所感悟，从而影响青少年读者的人生价值观。我始终认为大学教育是一个人在成才过程中必不可少的教育阶段，在这一时期，大学生们必须要有自我发展的意识，而"未来领袖摇篮"丛书正好符合了青少年在这方面的需求。

大学有着深厚的文化积淀，其功能是培养符合社会需要的人才。尽管大学中的教学活动都是围绕专业知识的传授和学习展开的，实际上，一批又一批的青年学子始终是在学校中各种"潜在课程"、"无形学院"的培养、熏陶和影响下成长的。学知识与学做人，始终是摆在大学生面前的两件同等重要的任务。大学教育的本质在于人的教育。

高等教育的最重要目标并不是为了培养出多少具有先进知识的人才，而是在于培养具有高等素质的复合型人才。换句话说，在学生的专业知识与人格得到全面发展的同时，大学作为培养"未来领袖的摇篮"肩负着责无旁贷的重任。